コンピューターと生きる

佐藤淳一 著

武蔵野美術大学出版局

もくじ

はじめに 007

第1章　コンピューターリテラシーとは

1　コンピューターを使うこと・知ること 012

2　コンピューターリテラシーの形成 016

3　コンピューターと美術・デザイン 018

第2章　情報とは

1　日常にある情報とその形 022

2　知識情報の処理：符号化 024

3　感性情報の処理：標本化と量子化 025

4　ビット・二進法・十六進法 027

5　デジタル／アナログ 030

6　情報を扱うことの究極の意味 032

第3章　ハードウェアとは

1　論理的／物理的 036

2　入力装置・出力装置・本体 038

3　計算のハードウェア 039

4　記憶のハードウェア 041

5　見る・触るハードウェア 044

6　つながる周辺機器 046

第4章　ソフトウェアとは

1　土台の上で応用が走る？ 054

2　OS（オペレーティングシステム） 056

3　アプリケーション 062

4　ソフトウェアを使う 063

5　ソフトウェアのライセンス 064

第5章	文書を作る	
	1 テキストエディター	068
	2 日本語入力	069
	3 文字コード	072
	4 文字列の編集	075
	5 フォント	077
	6 ファイル・フォルダー	079
	7 文書の印刷	082

第6章	ネットワークとは	
	1 計算機からメディアへ	086
	2 LAN・Wi-Fi	087
	3 インターネット	091
	4 クライアントサーバーシステム	097

第7章	電子メールを使う	
	1 電子メールのしくみ	102
	2 電子メールの設定	104
	3 受信と返信	109
	4 電子メールの拡張	112
	5 電子メールの文字・コード	116
	6 メーリングリスト	117

第8章	ウェブ（World Wide Web）を使う	
	1 ウェブのしくみ	120
	2 ウェブブラウザー	122
	3 検索サイトを使う	126
	4 HTML	131
	5 CSS	137
	6 ウェブサーバー	141
	7 ウェブサイトの構造・デザイン	144
	8 プラットフォームとしてのウェブ	151

第9章　　情報護身術

1　ネットワーク社会の落とし穴 158
2　個人認証 159
3　電子メール護身術 164
4　コンピューターウイルス 167
5　暗号化の重要性 170
6　自由と護身 174
7　著作権 176

あとがき 179

索引 182

表紙デザイン：白尾デザイン事務所

イラストレーション：塚本なごみ

はじめに

　この本は、武蔵野美術大学通信教育課程の「コンピュータリテラシー」という科目の教科書として書かれています。つまり、今までコンピューターに触れる機会の少なかった学生のみなさんに対し、美術・デザインの道具や学習環境のひとつとして、コンピューターを利用するための基礎的なスキル＝技能を身につけてもらうためのものです。本書の前身である『電脳の教室』との大きな違いは、「コンピュータリテラシー」の履修を必要としない人、つまりすでにコンピューターを十分に使いこなしているみなさんにとっても意味のある内容を盛り込んだことです。したがって、この本の対象はつぎのようにふたつに分かれることになります。

コンピューターをまだ使いこなせていない人へ

　できれば、体験的な導入授業である「コンピュータリテラシー」の面接授業（スクーリング）の前に軽く全体を眺めておいてください。学習指導書や担当の先生から指示のある場合は、その箇所を中心に読んでもらえればいいと思います。面接授業を終えてからも、引き続き自力で勉強を続けていくために、必要に応じて読んでください。この本で扱われている内容は、コンピューターとネットワークに関係したかなり広い分野にわたっています。専門的かつ詳細な説明はなるべく避け、思い切った単純化と比喩の多用という危険をおかしてでも、とにかくコンピューター世界の全体的なイメージをつかんでもらえるような書き方をしています。もとよりこの本1冊ですべてがわかる、などというのは無理な話です。それぞれの詳細については自分の関心や必要の度合いに応じて、テーマ別の入門書や自分の使いたいアプリケーションの解説本の類にあたってみることをいとわないでください。

コンピューターは必ず使いこなせるようになります。あなたに明確な目標がある限り。

コンピューターをすでに使いこなしている人へ
　「スマホがあるのでパソコンはいらない」
　「イラレ（Illustrator）やフォトショ（Photoshop）は一応使えて、もう何年もそれで仕事をしてるので問題ない」
　「連絡は全部SNSでできるので、メールとかなくてもかまわない」
　こんなふうに思っている人には、ぜひご一読いただきたいと思います。その理由は以下の通りです。
　『電脳の教室』の最初の版を書いたのは2005年のことでした。早いもので、それから10年以上経過しています。年々コンピューターの処理速度は向上し、記憶容量は大きくなり、これもまた大容量になったネットワークを通して多種多様なサービスが提供されるようになり、今わたしたちはそれを当たり前のように使っています。扱うデータや見るべきコンテンツ、試してみたいサービスは増える一方ですが、わたしたちが使える時間は当然のことながら1日24時間のままです。地球上に住み続ける限り、おそらく今後も増えることはないでしょう。

どんなに時代が進んでも1日は24時間のまま

その結果わたしたちは、多くのものごとに対して浅く、表面的に接する傾向にあるのではないでしょうか。

　コンピューターの周辺や背後にある多くの概念や仕掛けを、何となくわかった状態にして流してはいませんか。本当は知っておいた方がいいのはわかるのだけれど、それを知るための時間がなかなか取れなくて、という人も多いことでしょう。自動化され、便利になったものはすべて、誰か、あるいは何かがそれまでわたしたちがやっていたことや、判断していたことを肩代わりしてくれることによって成り立っています。その詳細を知らずに利益だけを享受して過ごすことは可能ですが、時にはちょっとその中身を知っておく方がよい場合があります。それは何か問題が起きた時と、これまでのやり方が通用しなくなり、何らかの進化的な発展が必要になった時です。

　あなたがもし今、そんな状態にあるのであれば、コンピューターとネットワークを基本に立ち返って考えるために書かれたこの本は、きっと何かの手がかりになることでしょう。大切なことはただひとつ、コンピューターに振り回されないこと。そのためにはやはり相手のことをよく知って、批評的かつ積極的にコンピューターと接する姿勢が必要になってきます。

　それから、本書では外来語のカタカナ表記が、なるべく日常的な使い方と近くなるように配慮しました。これは読み上げた時に実際の発音と同じになることを目指したものです。技術用語で長く慣習となっていた長音記号の省略は行っていません。具体的な表記方法については、『外来語（カタカナ）表記ガイドライン 第3版』（一般財団法人テクニカルコミュニケーター協会、2015年）に準拠しています。

はじめに　009

第1章　コンピューターリテラシーとは

1 コンピューターを使うこと・知ること

　たとえば、自動車の運転ができなくとも、あるいは電車やバスに乗れなくとも生きていくことはできます。しかし今の世において、それはさまざまな可能性を遠ざける結果となります。自分だけは別、とばかりにその時代における利器を使うことを避けていたとしても、他の人がそれを代行してくれることによって自分が生かされているということになってしまいます。それはつまりこういうことです。コンピューターの存在を無視し、一切使わなくとも生きていくことはできますが、あなたが口述や手書きによって表した言葉は、あなたのもとを離れた段階で、どこかの誰かによってコンピューターに入力され、データとして取り扱われているのです。もはや社会の基盤がコンピューターによる情報の処理とネットワークによる情報の流通を前提としたものに組み替わっている時代にあって、それを使わないのなら何らかの不都合を覚悟しなければならなくなっています。

　コンピューターを積極的に拒絶する人は今でもいると思うのですが、実のところ、テレビはもちろんのこと、電気炊飯器や冷蔵庫などといった単機能の家電機器ですら、今や電気で動く機器のほとんどすべてに何らかの形で小さなコンピューターが組み込まれています。自分ではそれと意識しようがしまいが、拒絶をしている人ですら、誰もがコンピューターを使っているのが今という時代であるといえます。もし完全にコンピューターを拒絶したいのであれば、なるべく世間と連絡を絶ち、生活様式もそれこそ近代以前の段階まで戻す必要がありそうです。

　いかにもコンピューター、という姿をした装置に接することは、これからむしろ減っていくかもしれません。音声を介した人工知能（AI）とのやり取りや、人型ロボットがすでに現実のものになってい

ることからもそれは容易に想像できます。今までのコンピューターにはいろいろと発展途上の面があり、人間との関係が必ずしも最適な形で行われてこなかったといえるのかもしれません。コンピューターは、必ずしも今までのパソコンに見られるような機械むき出しの、硬質で何か特殊な装置であることを匂わせるような、日常の生活から突出したイメージである必要はないのです。今後、コンピューターは姿の見えない、まるで水や空気のような存在になっていくことも考えられます。いずれにせよコンピューターは今後も増え続けることだけは間違いないでしょう。

　ところでコンピューターとネットワークが広く一般に普及したのは、20世紀の最後の5年間、1990年代の後半のことでした。それ以前の何十年間、コンピューターは専門家だけが扱えるような難解で、かつ大掛かりな装置であったと考えてよいでしょう。1970年代に入ってマイクロコンピューターという集積回路（IC）による電子部品が現れます。もともとは電卓用だったその部品を組み立てて個人用の小さなコンピューターとして動かし始めたのはマニア＝愛好家たちでした。

　趣味の対象ですらあったマイクロコンピューターは、ガレージメーカーと呼ばれ、それこそ車庫を作業場にして組み立てを行うような小規模なメーカーの時代を経て、大量に生産されるようになり、やがて日常生活のさまざまな場面に姿を見せるようになりました。ひとりで独占して使えるような規模にまで小さくなったそれは、パーソナルコンピューター（Personal Computer：パソコン、PC）という名前を得ることになります。大型のコンピューターを作っていた会社も、やがてパーソナルコンピューターを製造するようになります。大型のコンピューターとの性能の差はどんどんなくなっていきました。会社や学校だけでなく、町中や家庭にもそれらは入り込み、ネットワークでつながりました。その結果、好むと好まざるとにかかわらず、わたしたちはコンピューターとネットワークを使うようになりました。

第1章　コンピューターリテラシーとは　013

そして今、コンピューターとネットワークは、いかにもそれらしい形をしている機器だけとは限らなくなっています。たとえば携帯電話は、見かけこそ「電話線のない電話」ですが、背後にあるしくみは、まさにコンピューターとネットワークそのものです。その進化形であるスマートフォンは、名前にこそまだ「フォン＝phone＝電話」とその名残がありますが、それまでパソコンで行っていたあらゆる機能がその小さな筐体に詰め込まれている、コンピューターそのものであることはいうまでもありません。スマートフォンにあっては、通話機能としての電話は、すでに多くの機能のうちの単なるひとつに過ぎなくなっています。

　また家電以上にコンピューターの組み込みによる進化が著しいのが自動車でしょう。エンジンその他の機械を部品レベルで制御する段階から、運転者や同乗者に情報を提供する段階を経て、操縦をそっくり肩代わりする段階にまで進んできています。それらさまざまな製品に組み込まれたコンピューターが続々とネットワークでつながり、ひたすら何らかの情報をやり取りしているのです。

　進化し続ける高度情報化社会に生きるわたしたちにとって、コンピューターリテラシーは必須のものといわれていますが、それはなぜなのでしょう。機器に組み込まれたコンピューターが何でも先回りしてやってくれる便利さを享受するだけではなぜ、いけないのでしょうか。それはおそらく生きることの主体性にかかわる問題であると考えられます。

　機器に組み込まれたコンピューターがやってくれることは、誰かがあなたの行動を予測して作ったプログラムに基づいています。自分の自由意志で行っていると考えた行動は、どこからどこまで本当の意味で自由なのでしょうか。実は誰かの仕組んだプログラムの制約の下にあって、有限の選択肢の中からひたすら選択を行っているだけであると考えることもできるのではないでしょうか。自分が主体的な存在で

014

あるためには、その構造の中にいることを認識した上で、その上、あるいは構造の外側に飛び出すことも考えなければなりません。

　コンピューターリテラシーとは、「リテラシー＝読み書き能力」のコンピューター版と考えていいのですが、単なるコンピューターの表面的な使いこなしだけを問題にしているのではありません。実は現在使われているコンピューターは、年々性能は上がっていますが、基本的な原理は70年前に作られたものがそのまま使われています。つまり今、コンピューターの基本的な構造と動作原理を知ることは無駄ではないのです。ブラックボックス、という言葉があります。これは中がどのようなしくみになっているかを知らなくても、何を入れたらどういうものが出てくるか、ということを大体知っておけばそれを使うことができる装置のことを指しますが、コンピューターはまさにブラックボックスの典型的な例です。ブラックボックスは順調に動いているうちは中身を知る必要はありませんが、ひとたびその動作が狙ったものと違ってしまったり、あるいはその動作の方針自体に疑問が生じた際には、どうしても中身を知る必要が出てきます。

　昨今の流れでは、コンピューターに指示を与えたり結果を得たりするユーザーインターフェイスと呼ばれる技術や表現の進歩が著しく、表面的にはますますコンピューターの姿が見えなくなっています。ボタンや画面を隠して身振り手振りで操作を行えるようにすることが、ユーザーインターフェイスの魔術化などと呼ばれています。それを額面通り受け取ったり、陶酔して身を任せてしまうのではなく、批評的に接することが肝要です。たとえどんなに表面を魔術化したところで、その中身はいまだに70年前に考案された仕掛けのままであり、単にそれが高速で大規模になっているだけであるという冷静な見方ができることには意味があるのです。

第1章　コンピューターリテラシーとは　015

2　コンピューターリテラシーの形成

　ここでしばらくコンピューターリテラシーをすでに身につけたみなさんには何を今さら、というお話になりますが、この機会に自身がコンピューターを使えるようになった頃のことをちょっと思い出してみるのもよいのではないでしょうか。今当たり前に使っているものに初めて接した時のことを、その時に味わった困難を、人はしばしば忘れてしまうものです。それを思い出すことで、今の自分のいる場所の高さが感じられるはずです。

　コンピューターのような複雑なものと対峙する際に、常に頭の片隅に置いてほしいことがあります。それは自助努力というスタイルです。自分の面倒は可能な限り自分で見る、というのが個人の自由を前提とした現代社会の根本的な理念のひとつです。個人の自立という意識を支えてくれる道具であるパソコン、すなわちパーソナル（個人的）なコンピューターを使いこなそうというのですから、わからないことは人に頼らず自分で調べて何とかしよう、という気持ちを持ち続けてほしいものです。もちろんそんなことをいっても、最初の最初は誰かに教えてもらわなければならないはずです。

　「パソコンは何を買ったらいいですか？」というのはよく尋ねられる質問なのですが、筆者はそんな時、このように答えることが多いのです。「お友だちや気軽に相談できる人が使っているのと同じ種類のパソコンを買ってください」と。コンピューターの使い方を覚えるのが大変なのは、一度に覚えなければならないことが、もう絶望的にたくさんあるためです。しかもそれらはひとつひとつ順を追って覚えるようにはなっておらず、さまざまな要素を同時に、並列的に身につけなければなりません。だから最初は見よう見まねで、わけもわからずに動かしてもいいのです。というか、そうするしかないはずです。そ

してある程度使い続けた段階で、突然、もやもやが晴れるように一気に理解が進むことになります。パソコンに一度は挫折した経験を持つ人の多くは、おそらくこの「もやもや段階」に耐えられなかったのではないでしょうか。この段階で頼りになってくれるのが、同じパソコンを使っているお友だち、ということになるのです。

　そんな都合のいいお友だちはいないよ、という場合はどうしたらよいのでしょう。完全にゼロから全くの自習で使えるようになるのはやはりむずかしいことで、少なくとも最初の最初は何らかの入門コースを受講することを考えた方がよいでしょう。一度離陸してしまえば、そのあとは自習も可能となります。今のパソコンにはヘルプやチュートリアルという機能がついています。ヘルプはその名のとおり使い方がわからなくなった時に開くお助けソフトウェアで、チュートリアルは、とりあえずそのパソコンやソフトで何ができるのか、操作方法の主な部分を自習できるようにした、これもソフトの一種です。とにかくこれをやってみるしかありません。これらを利用し不断の自助努力を重ねることによって、習得の道は必ず開けます。

ある日、突然もやもやが晴れる！

第1章　コンピューターリテラシーとは　017

またパソコンがなかなか使いこなせないという人の話を聞くと、何がやりたいのかはっきりしていないことがその原因となっている場合が多いようです。メールやSNS（Social Networking Service）を使って情報収集や連絡を行うのが当面の目標なのか、それともグラフィックソフトを使いこなして作品を作りたいのか、CAD（Computer Aided Design）で設計図面が描けるようになりたいのか、とにかくまず、自分が到達したい目標を明確にイメージできるように情報収集に努めましょう。そして可能であれば、それがすでにできている人と知り合いになり、その人がパソコンを使いこなしている場面を見せてもらうことです。こうすることで自分の目標とする状態がより強く明確な像を結び、簡単に挫折してしまうことを防ぐことにもつながります。

3　コンピューターと美術・デザイン

　この本が美術大学の教科書として書かれている以上、次のことについても考えなければなりません。それは美術とデザインの領域でコンピューターがどのように使われ、それがどのような効果を生み出してきたのか、という問題です。

　拡張する現代美術の表現の手法のひとつ、あるいは先端的なデザイン研究の一環としてこの領域にコンピューターが入り込んできたのは、それこそもう50年以上も前のことですが、当時は可能性の探求というレベルにおける、限られた実験的な利用がなされたに過ぎませんでした。コンピューターを使った作品、というだけで希少価値が生まれ話題となったり、ただ先端的であること自体が目的になったりもしたものです。

　そんな神話的とも牧歌的ともいえる時代の後、この領域にコンピューターが本当に浸透したのは、やはり1990年代の半ば以降のことであり、それは世の趨勢と連動した流れであったことがわかりま

す。まず大きな変化が起きたのが、グラフィックデザインの分野でした。コンピューターの計算の性能をそれほど必要としないこの分野において、従来のアナログ印刷製版技術をシミュレーション的に置き換える形で進行したDTP（Desktop Publishing）の波は、グラフィック系デザイナーの仕事場を直撃しました。それまで紙やフィルムの切り貼り、製図用のペンやマーカーで行われていた作業が、モニターを見ながらマウスを動かす作業にとって代わったのです。トレーシングペーパーやペーパーセメントといった物質性に依存した道具や素材は、今ではデザイナーの机の上からすっかり姿を消してしまいました。

　さらに時間とともにコンピューターの性能はどんどんアップしていきます。次は映像分野の制作環境が一変しました。撮影から編集、そして供給まですべてが容赦なくデジタル化していきます。銀塩フィルムやビデオテープといった材料が姿を消していきました。そして爆発的ともいえるネットワークの普及にともない、グラフィックデザインも映像も制作物がその新しい流通回路に注ぎ込まれるようになりました。制作の方法が変わっただけでなく、伝達の部分までもが変わってしまったのです。その後の展開は当時のわたしたちの予想をはるかに超えるものでした。

　ハードウェア、ソフトウェアともに大量に出回るようになると値段が下がります。その結果、制作の道具は今や誰しもが容易に手に入れることができるようになりました。またそれを発表する場もネットワーク上に生まれたことにより、表現行為の「脱専門家化」というような流れが生まれました。それまで専門教育が必要とされた制作のさまざまな領域に、誰もが手軽に参入できるようになりました。大きな資本がなければ行うことができなかった出版や放送という伝達の領域もまた同じです。一般に参入障壁が下がること自体は歓迎すべきことで、決して悪いことではありません。しかし、その結果として表現物のクオリティーが全体的に下がってしまったとしたら、どうでしょう。

第 1 章　コンピューターリテラシーとは　019

「悪貨は良貨を駆逐する」との古いたとえのとおり、安易で劣悪なものが広がったり、手法が平均化して制作物に新規な試みが見られなくなるなどの問題を引き起こしてはいないでしょうか。

　従来の枠組みが変化することによって、新しい領域が生まれたり、やり方が変わったりします。流通や受容の場が変われば、新しい価値観が生まれたりするものです。そうした大きな変化の中で旧来の価値体系にしがみついてばかりいるのは情けないことですが、変化の渦中にいると、やはりそれに翻弄され、時には視界を失ってしまうことだってあります。ここでちょっと引いて考えることができれば、また違った対処ができるかもしれません。そのちょっと引いて考えるための視点をひとつ確保するためには、やはりコンピューターの本質について知識を持ち、その裏側で起きている動作のおおまかなイメージを描けるようになることは有効であろうと考えています。

第 2 章　情報とは

1 日常にある情報とその形

　身の回りにあって何らかの意味を受け取ることができるもの・ことのすべてが、その人にとっての情報となります。文字や話された言葉というように記号の形をとったものだけでなく、目で見える像や耳で聞こえる音、鼻で感じる匂いや皮膚でとらえる空気の流れ、温かさや冷たさといった温度感、さらには何だかわからないけどいやな感じがする、みたいな第六感までも含めて、広い意味での情報世界がかたちづくられており、その中でわたしたちが生活しているわけです。

　情報という言葉がしばしば使われるようになったのはコンピューターが現れて以降のことですが、それ以前にももちろん情報はありました。ではなぜ情報は、コンピューターが現れるまでは意識して「情報」という呼ばれ方をしなかったのでしょうか。それはコンピューターによって、わたしたちのものの見方が変化したからだと考えられます。身の回りのさまざまな事象をそのまま扱うのではなく、一度コンピューターのデータに変換して扱うことに慣れてくると、どうしても情報そのものとそれが載った媒体を分離して考えるようになるのです。

　ここで、例として手書きの文字について考えてみましょう。たとえば、手書きで「お元気ですか？」と書くことにしたとします。手書きの文字というものが成り立つには、まず文字として書かれる内容（お元気ですか？）が頭の中にあり、次に物質としての紙があり、その上に筆記具によって手の動いた痕跡を残す、ということが行われます。同じ「お元気ですか？」であっても、別の人が書けば別のものになります。同じ人が書いても、紙と筆記具が違えば別のものができあがります。また同じ人で同じ紙、同じ筆記具でも、その人の精神状態や作業の習熟度合いによって文字の形はどんどん変わってしまいます。全

く同じものは二度と書けません。このように手書き文字では、すべてが別のものであるにもかかわらず、どれも内容「お元気ですか？」は同じ、ということが起こり得ます。そうであるとすれば、ここでは情報は文字という記号で表された内容としての情報と、物質の表面状態としての情報の、ふたつのレベルに区別して考える必要があることになります。

　何だか話が複雑になってきましたが、前者は「知識情報」、後者は「感性情報」と呼ばれます。感性情報には文字の形だけでなく、ふるえやかすれといった線の状態、にじみや汚れ、折れなどといった付加的な紙面の状態までもが含まれます。そんなものはどうでもいいように思われるかもしれませんが、そこにも重要な情報が隠されているのです。わたしたちは怒った人が書きなぐった文字を、それと感知するようなことを普通に行っているはずです。今、文字を例に挙げて説明しましたが、実は絵や写真のような画像としての情報も同じように二面性を持っています。わたしたちはその絵や写真を、「机の上の赤いリ

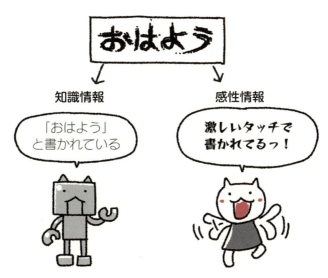

情報には「知識情報」と「感性情報」のふたつのレベルがある

第2章　情報とは

ンゴを描いている」「冬の富士山を写している」などというように記号的にとらえた知識情報と、「油絵具で激しいタッチで盛り上げて描かれている」「古びたモノクロ印画紙で、表面に擦り傷がある」というように、物質そのものとしてとらえた感性情報の、2種類の情報として意識しているのです。

2　知識情報の処理：符号化

　さて、情報を保存したり加工したり伝送したりといった、いわゆる情報処理は、コンピューターの性能がそれほど高くない段階では文字になった知識情報についてだけ可能でした。知識情報をコンピューターで扱える形にするためには、符号化という変換が行われます。

　まず使える文字を限定した上で、それぞれの文字に固有の符号を決めて、割り当てていきます。この符号をコードと呼び、文字をコードに置き換えることをエンコード（コード化）といいます。ちなみに「お元気ですか？」は、あるコードの決まりでは242A 3835 3524 2447 2439 242B 2129のようにコード化することができます。このようにコードに変換された内容は、それが今まで載っていた紙など、つまり物質的な土台である媒体（メディア）から、ふわりと浮いたような状態になります。媒体の制約から自由になるわけですが、それはこういうことです。今、242A 3835 3524 2447 2439 242B 2129というように人間にも読みやすいように十六進法の数字で表現しましたが、コンピューター内部では次のように、1と0だけで表現されます。100100001010101 11100000110101 11010100100100 10010001 000111 10010000111001 10010000101011 10000100101001。

　うわー！　たったの7文字なのにずいぶん長くなってしまいましたね。さてこの長い長い1と0の流れをふたたび紙の上に数字（1と0）で書こうが、大理石にローマ数字（残念ながらローマ数字にはゼロが

ないのでIとXで）で刻もうが、あるいは紙テープに穴の有無として記録されようが、磁気の方向の違いとしてハードディスクに書き込まれようが、どれも同じ「お元気ですか？」を表しています。それら物質に結びついているのはコード、つまりあくまで間接的な情報に過ぎず、それをもとの内容に復号（デコード）することさえできれば、復号前にどんな媒体に載っていたのかなどは、全く問題にならなくなります。ここまでバラバラに分解してしまえば、もはや何に保存しても同じものが保存できるという考え方です。

　こうしたコードによる置き換えを行うことによって、伝えたい、残したい内容「お元気ですか？」そのものという、物質とは関係のない「何か」が浮かび上がって意識されるようになったのでしょう。このような処理が行われるようになった結果、わたしたちはようやく情報というものの性質をはっきりと意識するようになったのだとも考えられます。

　しかしその後、わたしたちは一度は情報のノイズとして切り離してしまった物質の状態の方にも、広い意味での情報がたっぷりと残っていることに気がつくようになります。そしてこれが感性情報として、無視できない存在になる頃には、コンピューターの性能もそれを扱うことができるところまで到達していました。

3　感性情報の処理：標本化と量子化

　知識情報は符号化によってわりと簡単に物質から切り離すことができました。では、より物質に近くて生々しい感性情報については、どう処理すればよいのでしょう。今なら「お元気ですか？」の書き文字をデジタルカメラで撮影すれば、文字の形や紙の状態を情報として物質から切り離すことができそうです。ではデジタルカメラの中ではいったいどんな処理が行われているのでしょう。

第 2 章　情報とは　　025

画像や音などの感性情報は一般にアナログの情報であるとされます。アナログ情報は、それを何らかの方法で計測した時に、連続的な量となって現れる情報です。身近な例でいえば赤い液体が上下して温度を示す、昔ながらの温度計を思い浮かべてみてください。温度計には目盛りが振ってありますが、その目盛りの間を赤い液体の先端がなめらかに、連続的に上下して温度の変化を示します。液体の先端が目盛りとぴったり同じ位置にしか止まらない、という温度計はありません。

　これに対してデジタル情報は、ある決まった数値しか取らないように整理された情報です。数値と数値の間は飛び飛びになります。今の体温計は電子式になっていますが、数字で表示される体温はたとえば36.6度の次は36.7度で、その間のいったいどのへんなのかという情報は、その下の桁が四捨五入されてしまっているので表示されません。36.6度と表示されても実は36.55度かもしれないし、36.64度なのかもしれないということです。この飛び飛びという数値のあり方を、離散

左がアナログ情報、右のギザギザがデジタル情報

的であるといいます。アナログは連続的、デジタルは離散的なのです。

　アナログ情報をデジタル化することを、A/D変換といいます（その逆にデジタル情報をアナログに戻す処理はD/A変換と呼びます）。A/D変換はアナログ情報を計測して数値に置き換える標本化という段階と、それを離散的な数値に整理する量子化というふたつの段階によって行われます。この置き換えをどんどん細かくしていくと、やがてもとのアナログ情報と簡単には区別できなくなるような、よく近似したなめらかさを獲得することができます。それはいったいどのぐらいの細かさなのでしょうか。

　たとえば普通の音楽CDの中に入っているデジタル情報は、アナログの音声を1秒あたり44,100回にわたって計測して、それを65,536段階の音量の変化として数値で記録したものです。この程度まで細かくすれば、アナログに戻した時に普通の人の耳には元のアナログ情報とほとんど区別ができなくなるわけです。何だかすごい大きな数のような気がしますが、デジタルというのは量によって質を確保する方法なのだといえます。

　デジタルカメラの中でも、まずはレンズを通して入ってきた光を、イメージセンサー（撮像素子）でアナログデータとして計測するところから処理が始まります。今のデジタルカメラは1,000万を超える大量の画素によって構成された画像を作り出しますが、その膨大な数の画素ひとつひとつに、色のデータが別々に記録されます。そしてそれぞれの色のデータは、約1,670万色を区別するほど細かい段階のものなのです。詳しくは第3章の「デジタルカメラ」を参照してください。

4　ビット・二進法・十六進法

　さて1か0しかない数字といえば、これは二進法と呼ばれるものです。そして二進法はコンピューターの内部で計算のために使われる数

字であるという話が、すでにちょっとだけ出てきました。いったんデジタル化された情報は、もはやもとの情報が文字だろうと画像だろうと音声だろうと関係なしに、コンピューターから見ればすべてが平等な、単なる計算の対象として扱うことができるようになります。

　二進法の1桁のことを、ビット（bit〔binary digit〕：bと省略して書かれる）と呼びます。1ビットが表せる数値の種類は1か0の2種類ですが、1100のように4ビット集めれば16種類（$2 \times 2 \times 2 \times 2 = 2^4 = 16$）、10101001のように8ビット集めれば256種類（$2 \times 2 \times 2 \times 2 \times 2 \times 2 \times 2 \times 2 = 2^8 = 256$）と増えていきます。この256という十進法では中途半端な数字、コンピューターのまわりではしばしば見かけることと思いますが、実は二進法だとちょうど8ビット分という、とても区切りのよい数字なのです。また普通、コンピューターではこの8ビットを束にして扱うことが多いので、8ビットを1バイト（byte：Bと省略して書かれる）という単位で呼んでいます。

　本当は8ビット分をバイトと呼ぶのは正しい使い方ではなく、この場合は8ビット＝1オクテットという単位を使うべきなのですが、現在では8ビット＝1バイトと呼んでもほとんど問題ありません。なぜこういうややこしいことになっているかというと、もともとバイトとビットは独立した単位なのです。つまり1バイトの情報を表現するのに何ビット使うかは、システムの設計によって変わるということです。実際、その対応関

十進法	十六進法	二進法
0	0	0
1	1	1
2	2	10
3	3	11
4	4	100
5	5	101
⋮	⋮	⋮
10	A	1010
11	B	1011
12	C	1100
13	D	1101
14	E	1110
15	F	1111
⋮	⋮	⋮
100	64	1100100
⋮	⋮	⋮
127	7F	1111111
128	80	10000000
⋮	⋮	⋮
255	FF	11111111

係はコンピューターや処理の方法によって違っていた、という歴史的な経緯があります。しかし現在では1バイトを8ビットで表すことが圧倒的に多いので、1バイトが8ビットと固定的に考えてもわたしたち一般ユーザーのレベルではあまり問題にならないわけですね。

　バイトと組み合わせて使われる補助単位についても見ておきましょう。K（キロ：コンピューターの世界では慣用的に大文字で書かれます）、M（メガ）、G（ギガ）、T（テラ）、P（ペタ）などがよく出てきます。1KBは1,024Bです。十進法のキロは1,000ですが、二進法が基本となるコンピューター世界では二進法としてきりのいい1,024（2^{10}）がキロです。同様に1MB=1,024KB、1GB=1,024MB、1TB=1,024GB、1PB=1,024TBとなります。これらはメモリーやハードディスクなどの容量を表す単位としてお目にかかることになりますから覚えておいてください。

　ところで二進法で表される数はコンピューター内部での情報の基本要素となっているわけですが、人間が直接これを読むのはとても面倒です。さっき見てもらったようにそれほど大きくない数であっても桁

十進法

十六進法

第2章　情報とは　029

数が長くなってしまい、ちょっとした数を把握しようとしても困難を覚えます。1と0しか出てこなくてやたらと長い、というその様子からは、人間の認識力や記憶力にとってまるで手がかりが得られないのでしょう。一方、わたしたちが普通に使っている十進法は、人間の手の指で直接表現ができるし、何より日常的に使っている0、1、2、3、4、5、6、7、8、9という10種類のアラビア数字は実に見慣れたものなので、把握や記憶をするのもはるかに容易です。

　この断絶を解決するための、人間とコンピューターの両者の妥協点にあるような数字の表し方が十六進法です。二進法の4桁を束にして十六進法の1桁に割り当てることにより、数の把握をしやすく、かつ両方の桁の上がるタイミングを合わせ、区切りがわかりやすくなるようにしてあります。十進法で使われる10種の数字に、6種の数字（A、B、C、D、E、F）を加えることにより、1桁で十進法の16まで数字を表すことのできるこの十六進法は、色の指定などの場面で出てきます。簡単なしくみなので、ぜひこの機会にマスターしてください。

5　デジタル／アナログ

　さてここでふと考えます。デジタルが膨大な量を扱うことにより質を確保していることはわかりましたが、なぜ、感性情報のようになめらかに連続的な自然のままの情報を、面倒な変換をしてまで離散的な情報へ置き換えなければいけないのでしょうか。アナログにはアナログのよさがあるといわれています。アナログのままではどうしてダメなのでしょうか。そのためには、まずアナログ情報の欠点を考えてみる必要があります。

　アナログ情報は物質である媒体と強固に結びついているために、時間とともに劣化します。鉛筆で書いた文字の形がかすれて読めなくなったり、壁に貼ったポスターが日焼けして色あせたり、石碑の文字

が摩滅したりコケに覆われて読めなくなったり、ビニールレコードにホコリ由来のノイズが乗ったり、キズがもとで針飛びが起きたり、古い映画フィルムに雨降りのような筋が現れたり……このような劣化の現象は枚挙にいとまがありません。またアナログ情報は伝送している時に雑音（ノイズ）の影響を被るのです。ラジオなどのアナログ放送に入る雷や各種の雑音などがこれにあたります。これらの現象があるために、アナログ情報はちゃんと保存したり伝送したりすることがとてもむずかしく、コストもかかるものなのです。

　しかし、デジタル化によってこのアナログ情報の欠点を大きく改善することができます。デジタル情報が劣化や雑音に強いのは、デジタル情報が最終的に1か0か、ふたつの値だけで表されるためです。1か0というのは、「ある」か「ない」かという、究極的に単純な情報のありようです。ここに劣化や雑音が多少邪魔をしたところで、あるかないかという単純な情報が全部つぶれて読み出せなくなるのは、かなりまれなことです。アナログの劣化も味わいがあってよいもの、というような価値観は、実はデジタルが普及して確実な保存や伝送ができるようになってから現れたものであり、アナログしかなかった頃にはあまり考えられないものだったかもしれません。

汚れのないデータが　→　途中で汚れても　→　0か1なら判断がつく

第2章　情報とは　031

これまで情報をデジタルにすることのメリットについて、その原理的な部分を見てきました。最後にこれがコンピューターという具体的な場で展開された時に現れるメリットも考えてみます。

　コンピューター上でグラフィックソフトをいじったことのある人は、描画や変形を何回でも行えること、気に入らなかったらもとに戻すこともできることを経験したはずです。またCADソフトであれば設計を何度やり直しても図面が汚れないこと、ワープロソフトであれば推敲を気の済むまで重ねられること、などなど。複製を簡単に作ることのできるコンピューターによる作業には、いろいろ試してダメならやり直し、あとでいくらでも直せる、という気楽さがあります。さまざまな場面で、試行の可能性が大きくなったことによる創造性の拡張を感じた人もいるでしょう。

　しかしその一方で、複製の容易さというメリットが悪用され、他者の表現物の盗用が頻発します。また正しくオリジナルな表現物を作る場合であっても、意識的、あるいは無意識に同じデータの使い回しをしてしまい、その結果いつも似たような表現になってしまうこともあります。これなどはデジタル化にともなう表現の陳腐化といえるでしょう。また何度でもやり直しができるということは作業に緊張感がなくなってしまってよくない、というような声も聞こえてきます。これらのデメリットは、まだコンピューターが道具として完成していないことによる、いわば過渡的な現象なのかもしれません。総合的に考えればやはりメリットの方が多いのではないでしょうか。

6　情報を扱うことの究極の意味

　コンピューターが情報を扱う道具であることは今さら繰り返すまでもありませんが、ではいったいわたしたちはなぜ、これほどまで大量の情報を扱わなければいけないのか、考えたことがあるでしょうか。

それは情報というものの本質に絡む問題です。少々むずかしい話になりますが、情報というのは、エントロピー、すなわち乱雑さの反対の概念と考えることができます。エントロピーというのは秩序に対するでたらめさの加減を表しており、放っておくとどんどん増大していく性質があります。

この考え方は、熱力学第二法則という物理の法則を、情報分野に持ち込んだことによって生まれました。部屋の片隅のストーブから発せられた熱は部屋中に広がっていきますが、逆にその熱がひとりでにストーブへ戻ることはありません。つまり熱の発散というのは一方通行の自然現象なのです。それと同じように、わたしたちの部屋の中は生活を続ければ物がだんだん散らかっていきますが、それがひとりでに整頓されることはありません。整頓された部分が情報であり、散らかった部分はノイズと見なすことができます。エントロピーの増大とは、情報がどんどん解体してノイズになっていくことを意味しているのです。

情報を作り出すことは、エントロピーの増大というこの宇宙の宿命のような現象に抗うことになります。そしてそれを蓄積し伝達することが、実は人間が人間であることのひとつの証しでもあるのです。コミュニケーション学者のヴィレム・フルッサーは著書の中で、人間のコミュニケーションについて次のように述べています。

> それは、反分解的である。獲得した情報を世代から世代へと伝達することが人間のコミュニケーションの本質的な側面であり、それこそが、人間を特徴づけると言ってもよい。人間とは、獲得した情報を蓄積する術を発見した動物なのだ。
>
> 『テクノコードの誕生—コミュニケーション学序説』
> 村上淳一訳、東京大学出版会、1997年

第2章　情報とは　　033

整理整頓されてこそ「情報」になる＝日々せっせと片付ける運命

　コンピューターを使って何かをすることは非人間的で不健康な行為なのではないか、という漠然とした見方があるように思われますが、それはコンピューターと人がそれを扱う姿の表層だけをとらえたことによる誤解ではないでしょうか。根源的な意義を考えれば、全くその反対なのです。情報は放っておけば解体してノイズになっていきます。解体していく以上のスピードで情報を生産し、それを蓄積して次の世代へ伝達していく。コンピューターを使って何らかの情報を作り出すのは、人間が人間であることを維持し、推進しているということになります。つまりコンピューターを使うことは、いま人間が人間としてなすべき仕事のひとつであるといっても過言ではないかもしれません。

第 3 章　ハードウェアとは

1 論理的／物理的

　コンピューターはたとえていうなら楽器のような存在といえるで
しょう。ピアノは、楽譜と演奏者が許す限りどんな曲でも鳴らすこと
ができます。それに対し、オルゴールは特定の曲しか鳴らすことがで
きません。昔のオルゴールには曲を替えられる複雑なものもありまし
たが、それはもちろん例外とします。いずれにせよ、わたしたちはオ
ルゴールを楽器とは呼びませんよね。このあたりがコンピューターと
他の装置との違いに相当するわけです。

　コンピューターは、ハードウェアという物質の要素と、ソフトウェ
アという非物質の要素という、性質の違うふたつの要素によって成り
立っている装置です。ハードウェアは多くの機能が実現できるように
仕立てられた汎用的な装置であり、ソフトウェアはある特定の機能の
ためのハードウェアの動かし方を記述した、作業指示書のようなもの
と考えることができます。つまりある機能を実現するにあたり、それ
だけに特化した装置を仕立てるのではなく、汎用性を意図して何にで
も使えるように作られた装置に、動かす手順を記述した指示のしくみ
をつけ加えることによって専用の装置と同じことができるようにする、
という考え方です。この考え方がうまくいくと、ハードウェアはすべ
て同じものでよいので、大量に、つまり安価に作ることができます。
ソフトウェアは必要な機能に応じて取り替えれば、いくらでも別の機
能の装置に仕立て直すことができます。さらにその機能をあとで改良
していくこともできます。

　コンピューターの世界でよく出てくるのが、論理的、物理的という、
ふたつのレベルを切り離す考え方です。物理的というのは、ある機能
が実際にどのような電子的素子の組み合わせで構成されているのかを
意識した見方であり、論理的というのは入出力だけを問題として、機

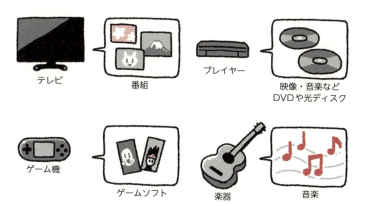

日常生活におけるハードウェアとソフトウェアの関係

能を達成する装置の中身がどのようなしくみで動いているかは問題としない見方です。これは前に説明したブラックボックスの考え方と同じです。あとで出てきますが、SSD（Solid State Drive）という現在よく使われている記憶装置は、論理的にHDD（Hard Disk Drive）と見なせるのですが、実際の中身は機械部品として回転するディスクなどが一切ない、半導体メモリーの塊である、というような例がいたるところで見られます。論理的と物理的、このふたつのレベルを切り離して考えることが、コンピューターのように大規模で複雑なシステムを破綻なく動かすことにつながります。

　どんなにコンピューターが発達しても中身は70年前の原理で動いている、と前に書きましたが、そのからくりはこのことからも説明ができます。現在のコンピューターは70年前のものと比べて物理的動作のレベルでは極めて大きく進化しています。しかし構造としての論理的な動作は、実はそれほど大きく変わっていないということです。その構造は1940年代にジョン・フォン・ノイマンという数学者によって考案されました。その名もノイマン型と呼ばれる、まさに現在のわたしたちが使っているコンピューターのしくみについて見ていきましょう。

第3章　ハードウェアとは　037

2 入力装置・出力装置・本体

　コンピューターの中でも、ハードウェアを構成する要素は大きく3つに分かれます。まずキーボードやマウスのような入力装置、モニター（ディスプレー）やプリンターのような出力装置、それとその中間に位置する、本体の部分です。入力装置から入った情報である素材や指示は、本体の部分で処理され、出力装置に結果となって現れます。

　本体の部分は、さらに3つの部分から成り立っています。メモリーと呼ばれる主記憶装置、CPUと呼ばれる中央処理装置、それと制御装置です。さらに分類上は外部に置かれる二次記憶装置と呼ばれるハードディスクのようなものも、現在のコンピューターでは本体の中に組み込まれています。

　実際のパソコンの様子を見てみましょう。デスクトップ型と呼ばれる、いかにもコンピューターらしい格好をした従来型のコンピューターであれば、わかりやすく入力装置と出力装置と本体がそれぞれ分かれていて、ケーブルで接続されていたりします。本体の正面には、電源スイッチとリセットスイッチ、それと光ディスクドライブのためのドアが見えています。機種によって、扱うことのできる光ディスクの種類が違います。さまざまな形をしたコネクター（差込口）は、周辺機器との情報をやり取りするためのポートと呼ばれるものです。

　これに対して一体型のパソコンやノート型、タブレット型のパソコンでは、ふたつ以上の部分が一体化されていますが、内部的な構成は全く同じです。もっとも光ディスクドライブやポートの多くが省略されていたりするので、外観としてはかなりの違いがあります。これから先、なるべく説明が簡単になるようにデスクトップ型のパソコンを例にとってハードウェアを見ていきます。

3　計算のハードウェア

マザーボード・CPU

　パソコンの筐体を開けるとさまざまな細かい部品が板の上に載っているのが見えます。この板のことをマザーボードと呼んでいます。マザーボードの上には、CPU（Central Processing Unit：中央処理装置）とメモリー、それと各種の入出力をコントロールする制御装置を構成する部品がところせましと取りつけられています。

　CPUは文字どおりコンピューターの中枢にあって情報処理の中核となるような作業を受け持つ部品で、足したり引いたりという単純なレベルにまで分解された大量の仕事を、すさまじいスピードでこなしています。このスピードのことをクロックスピードと呼んでいます。同じ種類のCPUであれば、クロックスピードが速いほど処理速度が高いということになります。クロックスピードはHz（Hertz：ヘルツ）という単位で表されます。現在使われているCPUの多くは、GHz（ギガヘルツ）台のクロックスピードで動きます。これはCPUが行う

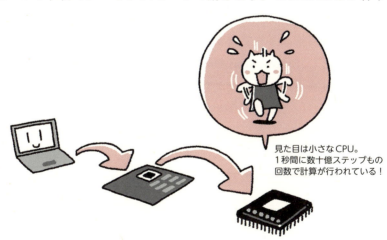

見た目は小さなCPU。
1秒間に数十億ステップもの回数で計算が行われている！

CPUはコンピューターの司令塔

単純計算が、1秒間に数十億ステップというとんでもない回数で行われることを意味しているのです。また最近ではひとつの部品の中に複数のCPUを詰め込んだものが増えており、同じクロックスピードでより多くの計算ができるようになっています。

メモリー

　メモリーという装置はいろいろな種類がありますが、パソコンで問題となるのは主にCPUの作業領域として使われる主記憶装置としてのメモリーで、電源が入っている間だけ、作業中の情報を覚えておく仕事をするものです。

　たとえばワープロソフトで文章を打つとします。ワープロソフトを立ち上げると、まずそのプログラムの中に入っているCPUに対する作業命令群がメモリーの上に格納されます。そしてキーボードを打ち始めると、打った文字もメモリーの上に蓄積されていきます。この文字はファイルとして保存するまでは、メモリーの上にしかありません。もしもここで何らかの事情で電源が突然切れてしまったら、書きかけの文章は一瞬のうちに消えてしまうわけです。このような作業用の場所として使われるメモリーは、RAM（Random Access Memory）と呼ばれる部品で構成されています。

　これに対し、ROM（Read Only Memory）と呼ばれる部品があります。これは一度書き込んだデータを消したり書き換えたりせずに、読み出し専用メモリーとして使うものです。あまり表に出てくることがなくユーザーが気にもしない存在ですが、コンピューターの中では各所でさまざまに使われています。

　またその中間的なものとして、フラッシュメモリーがあります。デジタルカメラのメモリーカードや、USBメモリーとして近年たくさん使われるようになった、目にする機会の多いメモリーです。実のところ、フラッシュメモリーは原理的にはROMの一種なのですが、その

使い方からすれば電源を切っても情報を保持してくれる便利なRAMであると考えた方がわかりやすいでしょう。

　パソコンの主記憶装置としてのメモリーの量は、作業用の机の大きさになぞらえることができます。メモリーがたくさん積まれていれば、大きな机の上で作業をするように、複数の仕事をいちいち片づけることなく、やりかけのままにしてわたり歩くことができます。もしメモリーが十分でない状態で同じように複数の作業をしようとすると、CPUはメモリーに展開されている情報を一時的にハードディスクなどに退避させます。この退避と復元には時間がかかるので、その間はユーザーの仕事はストップします。つまり作業の効率が下がってしまいます。

　メモリーは単に容量だけでなく、情報を読み書きするスピードやしくみ、部品の物理的寿命が問題となります。たとえばフラッシュメモリーを主記憶装置のメモリーにしてしまえば、電源が切れてもデータが消えなくていいように思えますが、フラッシュメモリーは読み書きのスピードが遅い上に、寿命もそれほど長くないので現実的ではありません。同じメモリーでも、用途によって求められる機能が全く違うわけです。

4　記憶のハードウェア

ハードディスク

　正式にはハードディスクドライブ（HDD）であり、コンピューターの機能面からいうと二次記憶装置、あるいは補助記憶装置と呼ばれます。メモリー（主記憶装置）が机ならば、ハードディスク（二次記憶装置）は本棚にたとえることができるでしょう。大きなハードディスクを新設してもメモリーを増やした時のように直接に作業効率が上がることはありませんが、たくさんのソフトをインストールしたり、大量

第3章　ハードウェアとは　041

のファイルをすぐに使える状態でコンピューターの中に残しておくことができます。

　ハードディスクは回転する円盤上に磁気によって情報を保持します。メモリーに比べて安価な記憶媒体ですが、書き込みと読み出しに時間がかかるために、メモリーと同じような用途に使うことはできません。また機械的に精密に動く部分があるため故障することがあり、寿命もあります。

　ところで、この時間がかかるという性質はどこかで聞いたことがありませんか。そう、フラッシュメモリーに似ています。そこでフラッシュメモリーをハードディスクの代わりになるように仕立てた製品であるSSDが作られるようになりました。SSDは機械的に動く部分が一切ないためデータの読み出しが早く（主記憶用のRAMよりは遅いがHDDよりは早い）、衝撃や振動にも強いことや消費電力が少ないという多くの利点があるため、とりわけノート型やタブレット型パソコ

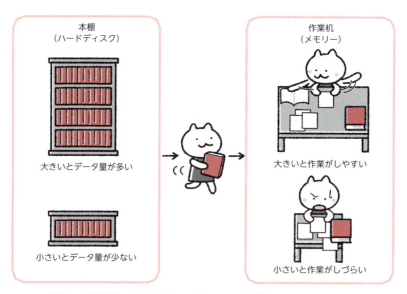

メモリーを作業机にたとえると、大きいほうが作業しやすいのは一目瞭然

ン、スマートフォンなどの二次記憶装置としてさかんに使われるようになりました。

光ディスク

　寿命のあるハードディスクなどに収められたデータは、何らかの形でバックアップ（複製）を作っておく必要があります。現在ではあとで説明するようにネットワーク上にバックアップを持つこともできるようになりましたが、もし手元にデータを残しておこうとすれば、光ディスクにデータをコピーすることになります。

　CD（Compact Disc）やDVD（Digital Versatile Disc）、ブルーレイディスク（Blu-ray Disc：BD）を総称して光ディスクと呼んでいますが、それらを読み出したり書き込んだりする装置が光ディスクドライブです。ハードディスクが磁気によって情報を記録するのに対して、光ディスクはレーザー光線の反射を使って情報を記録します。CDは1980年代にまず音楽用として開発され、のちにコンピューターのデータを収める規格であるCD-ROMが作られました。CD-ROMは音楽CDと同じように工場で生産される、読み出し専用のディスクです。これに対して、パソコン用のドライブでユーザーが書き込めるようにしたものが、CD-Rです。姿形はそっくりで、同じドライブで読むことができますが、書き込みのための別な構造を持っています。CD-Rは一度書き込んだものを消して上書きすることができませんが、これを可能にしたのがCD-RWです。CD-RWはCD-Rとはまた別の原理で記録を行います。

　CDはその規格上、700MB程度のデータしか収めることができません。これを超える容量の光ディスクとして1990年代に開発されたのがDVDで、もっとも少ないものでも4.7GBものデータを収めることができます。DVDは主にビデオ用として普及しましたが、CD-ROMと同じようにデータの読み出し専用ディスクとして作られたの

がDVD-ROMです。さらに記録型のものとしてDVD-R、DVD+Rが、上書きのできる記録用としてはDVD-RW、DVD+RW、DVD-RAMという規格があります。CDに比べて種類がいろいろあって、パソコンに詳しい人でもわかりにくい状態になってしまいました。

　DVDを上回る容量を持つ光ディスクとして2000年代に開発されたのが、ブルーレイディスクです。もっとも容量の少ない片面1層記録のものでも、25GBものデータを収めることができます。ブルーレイディスクの規格は、DVDで起きた規格の乱立を避けるように配慮されて作られました。読み出し専用がBD-ROM、記録型がBD-R、上書き可能なのがBD-REとシンプルな分類になっています。

　多くの光ディスクドライブは、複数の種類の光ディスクを読み書きできるようになっています。ディスクの出し入れをするドアの部分に、扱えるディスクの表示があります。

5　見る・触るハードウェア

ディスプレー（モニター）

　画像の出力装置として使われているのがディスプレー（モニター）です。かつてはCRT（Cathode Ray Tube：ブラウン管）を使った奥行きと重量のある装置でしたが、現在ではLCD（Liquid Crystal Display：液晶ディスプレー）を使った薄型のものになり、大画面化と省電力化が進みました。さらに近年では、画面が同じ大きさでも解像度（ディスプレーの場合は画素数を指すことが一般的）が従来の数倍以上となったディスプレーが普及してきました。これはスマートフォンやタブレットで始まった高精細ディスプレーの流れが、より大きなディスプレーへと波及したものです。高精細表示ディスプレーはすでに紙の印刷物の解像度を超えるものが現れており、人間の肉眼ではひとつひとつの画素が判別できないほどの、さらなる精細な表示すら得られる

ようになっています。

ポインティングデバイス

　画面上に配されたアイコンやボタンなどでさまざまな機能を切り替えたり、ポインターを動かしてファイルの操作を行うためのハードウェアをポインティングデバイスと呼びます。

　その代表のようなマウスは、位置検出のための機構とひとつまたは複数のボタンからなる装置で、文字どおりネズミのような形をしています。位置検出の方法には主に2種類の原理が用いられており、それぞれ機械式マウス（メカニカルマウス）、光学式マウス（オプティカルマウス）と呼ばれています。機械式は中のボールとローラーの掃除が必要なためか、あまり使われなくなりました。今では底面に可動部がなくメンテナンスが不要な光学式の製品がほとんどです。

　マウスによる操作は、まずボタンの1回押しのクリックと2回押しのダブルクリックがあります。さらにボタンを押したまま動かすドラッグ、ドラッグで動かしたファイルをある部分で放すドロップといった動きによって、複雑な操作を直感的に行うことができるように工夫されています。

　ノート型パソコンでは、マウスをつないで使うこともできますが、本体にはじめからポインティングデバイスが埋め込まれています。これらはマウスに比べて使いこなすのに時間がかかりますが、マウスをつないでも動かす場所が確保できないような場合には便利なものです。かつてはトラックボールやポインティングスティックと呼ばれるものがありましたが、現在では平らな板を指でなぞって使うタッチパッドの採用が一般的になっています。タッチパッドは複数の指を使ってスクロールや拡大などの操作ができるように進化しました。

　またスマートフォンやタブレットでは、ディスプレーがタッチパッドと重なって一体化しており、この場合はタッチパネルと呼ばれます。

第3章　ハードウェアとは　045

タッチパネルは画面上の操作対象に指で触れるような直感的な操作ができるため、世の中のあらゆる機器のユーザーインターフェイスのデバイスとして使われているのはご存知のとおりです。

キーボード

キーボードは、文字を直接打ち込むためのキーが集まった入力装置です。文字の配列が欧文タイプライターのそれを継承しているため、日本語の入力には必ずしも最適なものではありませんが、結果的にこの配列のものが普及してしまいました。欧文のオリジナルのものは101キーボードと呼ばれるキーの数が101個のものです。日本語用に拡張されたものが106キーボードで、さらにWindows用のキーを追加した109キーボードが多く使われています。タッチパネルではキーボードは画面上のシミュレーションとして現れますが、日本語のフリック入力のようにタッチパネル特有のスライド操作で入力を行う方法も広く使われるようになっており、必ずしも伝統的なハードウェアのキーボードが必要ではない場面も増えています。

6　つながる周辺機器

周辺機器は、標準的なコンピューターの入力や出力を拡張したりする装置です。またハードディスクや光ディスクドライブなどのコンピューターを構成する主な要素である二次記憶装置であっても、コンピューター本体の外に増設されるように仕立てられれば、周辺機器として扱われてしまいます。

本体と周辺機器をつなぐためのケーブルのコネクターのことを入出力ポートと呼んでいます。入出力ポートにはさまざまな種類があります。中でもUSB（Universal Serial Bus）はもっとも普及している規格で、これによって接続されるのはマウスやキーボードのように必須のハー

046

ドウェアをはじめとして、プリンターやスキャナー、デジタルカメラ、スピーカー、さらにはノートパソコン向けに小型のライトや扇風機のようなちょっと不思議なものまであります。USBポートは、本体に2～4個ぐらいしかついていません。ここにもっと多くの周辺機器を同時につなげるには、USBハブと呼ばれる分岐のための機器を用意する必要があります。USBハブはさらに複数を段々につないでいくことができます。これによってハブを含めて最大127台までの周辺機器を1台のパソコンにつなぎ込むことができます。

USB

　USBを使った周辺機器には、USB1.1とUSB2.0、USB3.0という規格のものがあります。あとからできたUSB2.0の方が、データの転送が40倍も速くなっており、USB3.0はさらにその約10倍以上も高速です。したがってハードディスクなど二次記憶装置をつなぐ場合は、USB2.0以上でないと実用的ではありません。これら3つの規格の機器はコネクターの形状が同じであれば混在させて使うことができますが、その場合は転送スピードがもっとも遅い規格に合わせられてしまいます。

Bluetooth

　近くにある周辺機器を、ケーブルではなく無線でつなぐための規格がBluetooth（ブルートゥース）です。キーボードやマウスなど、USBを使う機器の中でも伝達される情報量の少なめなものにはBluetooth対応のものがあります。他にはスマートフォン向けのワイヤレスイヤホンや外づけスピーカーなどによく使われています。

イメージスキャナー

　プリントされた写真や印刷物、書類などを読み込むのがイメージスキャナーです。主に紙のものを読み込むために作られたA4サイズの

第3章　ハードウェアとは　047

フラットベッドスキャナーが標準的な製品です。最近のスキャナーは、プリンターと一体化した製品（複合機）が多くなっています。機器を置く面積が節約できたり、パソコンを介さず単体でコピー機として使えたりという便利さが支持されています。また自動給紙機能を備えたものはドキュメントスキャナーと呼ばれ、何ページもの紙の書類を一度に電子化する時便利です。

プリンター

　主にオフィス用として使われるレーザープリンターと、家庭用や写真用、大判プリント用に使われるインクジェットプリンターの、原理が違う2種類のものが現在のプリンターの主流になっています。レーザープリンターはコピー機と同じ原理で、トナーという粉末を熱で紙に固着させる方法で印字、印画を作ります。モノクロのものとカラーのものがあり、プリントのスピードが速いのが特徴です。しかし熱を使うために消費電力が大きく、機器サイズも大規模で音もうるさいために、業務用として使われるものがほとんどです。このためレーザープリンターは特定の1台のパソコンが占有するのではなく、ネットワークを利用して複数のパソコンから共有して使うことのできる接続が行われます。コンビニのマルチコピー機も、レーザープリンターです。

　インクジェットプリンターは、液体のインクを紙に吹きつける原理のものです。現在の製品はカラー、モノクロ兼用のものがほとんどです。プリントのスピードはレーザープリンターにかないませんが、プリントサイズが同じならレーザープリンターに比べて機器が小型化できることや、熱を使わないために低消費電力であることから、家庭用プリンターの主流となっています。またレーザープリンターより高解像度で発色も鮮やかであることから、高品位な写真用としての利用も多いのが特徴です。さらにレーザープリンターでは大がかりになって

- 小型
- 低価格
- 低消費電力
- 家庭用、写真用、大判プリント用

- 大型
- 音がうるさい
- スピードが速い
- オフィス用

インクを紙に吹きつけるタイプ vs. トナーを熱で紙に固着させるタイプ

しまってむずかしい、A3判を超えるサイズのプリンターも作ることができるため、大判プリントはほとんどがこの方式でプリントされます。

　インクジェットプリンターは、紙の種類やサイズを頻繁に変えるような使い方をされるため、1台のパソコンが占有して使うことが多く、主にUSBによる接続が行われます。インクジェット用の各種の紙は、普通紙を除いてレーザー用としては使えないので注意してください。

スピーカー

　パソコンでも音を扱うことが一般的になってきました。周辺機器としてのスピーカーには、アナログ方式のものとデジタル方式のものの2種類の製品があります。パソコンが音を出すには、デジタル化されてソフトに収録されている音声データを人間の耳に聞こえるアナログ信号に変換する必要があります。アナログ方式のものはパソコン本体側にその機能を持たせたもので、外づけのスピーカーは単にその信号

を大きくして鳴らしているだけです。デジタル方式のものは、USBや Bluetoothを使ってデジタルのまま音声をスピーカーに送り、スピーカー側でD/A変換を行います。

各種ディスクドライブ

　たとえばパソコン本体の光ディスクドライブがブルーレイに対応していなければ、ドライブをUSBポートに外づけで追加することができます。またかつてはどのパソコンにも必ずついていたフロッピーディスクドライブですが、最近のパソコンにはついていません。フロッピーに記録された昔のデータが必要になったような場合には、USB接続のフロッピーディスクドライブをわざわざ用意しなければならないわけです。

デジタルカメラ

　デジタルカメラは一般には周辺機器には含まれませんが、美術デザインの領域では頻繁に使われるので、ここで触れることにします。デジタルカメラの画像データをパソコンに転送するには、直接カメラをUSBポートにつなぐ方法と、USBカードリーダーなどを使って取り込む方法があります。後者の方法は複数のメモリーカードから続けて読み込む場合に便利です。

　デジタルカメラで機種の比較のために参照される数字に、画素数があります。画素（ピクセル）はデジタル画像を構成している色の点で、多ければ多いほど、その画像はなめらかで精細になります。しかし画素数の多いデジタルカメラは高価になる傾向があります。いったいどれだけの画素数があれば、どんな仕事に使えるのでしょうか。たとえば、撮ったデータをそのままウェブページに貼ることだけを考えた場合、用途にもよりますが100万画素もあれば十分なのです。しかし現在発売されている製品を調べてもらえばわかるのですが、100万より

はるかに多い画素数になっているはずです。これはどうしたわけでしょう。

　まず第一に、プリントする時には画面に表示する時より画像の密度を上げる必要があります。この密度のことを解像度と呼んでいます。解像度は、単位長さあたりに並べる画素の数として表されます。具体的には1インチあたりのピクセル数を表示するppi（pixel per inch）という単位が使われます。プリントをするためには、画面表示よりだいたい4倍ほど高い解像度が必要といわれてきましたが、前述のように最近ではモニターの解像度も印刷物並みに高くなっており、以前より差はなくなってきました。解像度を表す単位としては、dpi（dot per inch）も使われます。こちらは1インチあたりのドット数を示すもので、主に機器の性能をいう場合に使われます。ppiがデータ、dpiが機器と使い分けされますが、どちらもdpiでいうこともあります。

　解像度を一定にすれば、画素数が多ければ多いほど大きな紙にプリントすることができることになります。だいたいハガキサイズなら300万画素、A4サイズなら500万画素、A3サイズなら1,000万画素程度を目安と考えればよいでしょう。では「大は小を兼ねる」とばかりに、画素数が多ければ多いほどいいのかというと、必ずしもそうとはいえません。画素数が多いと画像のファイルサイズが大きくなり、転送や処理に時間がかかったり、保存するためのディスク容量を要してしまったり、何かと扱いが面倒になる傾向があります。自分の使い方に合わせて画素数を切り替えることも必要というわけです。

　デジタルカメラの画像はメモリーカードに保存されます。メモリーカードは現在ではほぼSDカード系に統一されています。急激な技術開発に伴ってカメラがどんどん小型化されてきたことや、メーカー間の競争などもあって、デジタルカメラが登場してからこれまでの間にいろいろな規格の製品が使われてきました。形や使い勝手が違いますが、どれも電源を切っても記録データの残るフラッシュメモリーを

使ったものです。

　ところでフラッシュメモリーに書き込まれたデータは長期保存に向きません。一般にHDDのような磁気情報は100年以上の保存が可能とされているのに対し、フラッシュメモリーは使用している部品の性質から、10年前後で読み出しができなくなるといわれています。さらに書き込みを繰り返すことによっても部品が劣化し、寿命を迎えてしまうこともあるようです。詳細はメーカーのマニュアルを参照してください。

第４章　ソフトウェアとは

1　土台の上で応用が走る？

　ソフトウェアは、コンピューターを動かすための手順を記述した「プログラム」の集合体です。いうまでもありませんが、ソフトウェアがなければ、ハードウェアは電気を食べても何の仕事もしない、無意味な部品のかたまりに過ぎません。またコンピューターの性能を考える時、ハードウェアのスピードのことだけを考えがちですが、実際は同じハードウェアであってもソフトウェアの出来のよしあし（効率の高い低い）が全体の性能を左右してしまいます。ソフトウェアはハードウェアと一緒になってコンピューターという車の両輪を形成しているわけです。

　ソフトウェアは、ハードウェアの動きを管理し、その上でアプリケーションを動かすための土台となるOS（Operating System：基本ソフト）と、特定の目的のためにコンピューターを使うためのアプリケーション（応用ソフト）というふたつに分類されます。

OS（基本ソフト）の上でさまざまなアプリケーション（応用ソフト）が稼働

ところでコンピューターの専門家や愛好家はソフトウェアを動かすことを「走らせる」といいます。英語のrunには一般に機械やプログラムなどが動くという意味があり、そこから来た用法なのでしょうけれど、しみじみと実感のこもった表現です。その示す通り、ソフトウェアはコンピューターの電源が入っている限り、走り続けているのです。ちなみに連続して安定した走りを阻害するプログラムの欠陥のことは、バグ（虫）と呼ばれます。

ログイン／ログアウト

　現在のコンピューターは使う前にログイン（ログオンともいう）という操作が必要です。自分ひとりだけが使うコンピューターだったとしても、ユーザー名とパスワードを打ち込まないと使えない設定になっているのが普通です。これはいったいどういうことなのでしょう。

　パーソナルコンピューターが現れる以前、コンピューターは複数のユーザーが相乗り状態で使うことが普通でした。コンピューターの計算能力を時間軸上で細かく分割し、複数のユーザーが相乗りで使っても仕事が混じってしまわないようなしくみには、TSS（Time Sharing System）という名がついていました。TSSのおかげでそれぞれのユーザーは見かけ上、自分でコンピューターを独占しているように使えたし、コンピューターを管理する側からすると、それぞれのユーザーがどれだけコンピューターを使っているのかを把握し、時間で使用料を課金することもできるようにもなりました。TSSはその後さらに発展し、ユーザーごとどころではなく、それぞれのユーザーがコンピューターに行わせている仕事（タスク）ごとに細かく分割するようになります。これはマルチタスクと呼ばれて現代のOSの基本的な機能のひとつになっていきます。

　というわけで、複数の人が同時に使うサーバーなどは別として、個人が使うパーソナルコンピューターでは、システム上の理由でログイ

第4章　ソフトウェアとは　055

ンをする必然性はありません。こうした個人認証は、今ではむしろセキュリティーのためのものとなっています。他の人が勝手に自分のファイルを見たり、コピーしたり消したり内容を変えたりといったことができないようにするためです。職場などで他の人と交代で使うコンピューターであれば、自分に最適な設定を保存しておくこともできるわけです。

　ログインしたコンピューターは、使用が終わったら必ずログアウト（ログオフ）しましょう。しかし、ログアウトしただけではコンピューターの機能は停止しません。まだOSはしっかり動いています。すべての機能を終了させるには電源を落とすことが必要ですが、いきなり電源プラグをコンセントから引っこ抜いたりしてはいけません。あなたの仕事はもう終わったかもしれませんが、コンピューターの側にはすぐに電源が落とせない事情があるのです。必ずシャットダウン（システム終了）のメニューを選び、ソフトウェアによる終了処理にまかせてコンピューターを自動的に終了させてください。

　またいちいち電源を落とさず、スリープモードにしておくこともあります。スリープはメモリーだけに電気を送って生かしておいて、他の部分は止めてしまう状態です。ノートパソコンではわずかですが、バッテリーの電力を使いますので注意してください。またメモリー展開中のデータをHDDに退避して電源を落とし、次に立ち上げた時に作業が続けられるハイバネーションというモードもあります。

2　OS（オペレーティングシステム）

　OSはコンピューターを動かすための基本的な機能をまとめたもので、ハードウェアと人間をつなぐために何層ものプログラムが積み重なった複雑な構造をしています。OSにはさまざまな種類（品種というかブランド？宗派？）がありますが、現在、一般に使われているの

はほとんどがWindows系、Macintosh系、UNIX系の3種類の中に収まります。また携帯電話やスマートフォンでは独自のOSやWindows Mobile、Linux系のOSが、AppleのiPhoneやiPadではiOSというOSが使われています。

　OSは、どのような構成のハードウェアの上でも同じアプリケーションが動くための土台を用意することが役割ですが、今ではそれに加えてアプリケーションの切り替えやファイルの扱いを直感的に行えるようにするための視覚的な仕掛け（Graphical User Interface：GUI）も提供しています。わたしたち一般ユーザーから見ると、むしろこのGUIの違いこそがOSの違いとして認識されますが、実はそれは表面的な見方に過ぎません。

Windows系OS

　世界中でもっとも多くの人が使っているOSです。Microsoftの製品であり、MS-DOSという1980年代にパソコン普及の原動力となったOSを先祖に持ちます。

　Windowsを動かすことのできるハードウェアは仕様が公開されているため、さまざまなメーカーが製造しています。このハードウェアはPC/AT互換機という名称で呼ばれていましたが、現在ではWindowsが動くそれ以外のハードウェアがなくなってしまったので、あえてそういう呼び方をしなくなっています。大手メーカー製の家電のように仕立てられた製品から、部品としてばらばらに売られている各種のボードやドライブを個人が買い集めて組み立てたものまで、多様なハードウェアの上で動いています。ビジネス用、家庭用ともに、今も標準的なOSといえるものです。

Macintosh系OS

　ユーザーの数こそWindowsほど多くありませんが、パソコンの可能

第4章　ソフトウェアとは　057

性を大きく飛躍させてきたAppleの製品です。Windowsと違ってハードウェアもApple製でなければ動かすことができないようになっています。ハードウェアの洗練された外観と使いやすいユーザーインターフェイスには、根強い支持があります。発売当初からデザインや音楽などのクリエイターに利用者が多いのが特徴です。現在、当たり前のものとして使われているパソコンのさまざまな機能は、Macintoshで採用されて普及した、というものがたくさんあります。また現在使われているMac OS Xというバージョンでは、OSの核にあたる部分がUNIXになっており、より堅牢なOSを構成しています。

UNIX系OS

　パソコン以前からある古い歴史を持つOSですが、1990年代にPC/AT互換機で動かせる互換性のあるものがフリーウェア（無償ソフト）として配布されて普及したことなどから、現在でも主にコンピューターやネットワークの専門家の間で使われています。使うためにはかなりのスキルが必要な、まさにプロ用といった感じのOSで、動作の信頼性とプログラミング時の自由度の高さが特徴です。その信頼性は、特にインターネットの各種サービスを提供するサーバーとして数多く使われていることが証明しています。また自由度の高さからプログラムが数多く作られており、中でもLinuxという系統には見かけ上、Windowsとほぼ同じことができるようにGUIが組み合わされた製品などもあります。

ファイルシステム

　OSが行っている仕事にはさまざまなものがありますが、わたしたちユーザーがコンピューター上で行う仕事に直結し、そのため意識されることの多いのがファイル（後述、第5章）の管理でしょう。ユーザーはファイルをフォルダー（ディレクトリー）に入れ、階層的に分

類、管理していますが、それぞれのデータの中身はディスク（二次記憶装置）上にばらばらにされて混じり合い、あるいは飛び散ったように格納されています。このふたつをつなぐ重要な役割を担っているOSの機能をファイルシステムと呼びます。このようにまるで縁の下で働くファイルシステムのことなど、別に知らなくとも問題はないように思われるかもしれませんが、実はぜひ知っておきたい理由があります。みなさんがファイルを削除したつもりでも、実はそのデータは消えていない、ということが起こっているからです。なぜそのようなことになるのでしょうか。

　ファイルシステムはユーザー側から見たファイルと、それがディスクのどこに格納されているのかを対照する管理台帳を持っています。ユーザーがファイルを消去すると、その台帳の上でそのファイルが消去されるだけで、データそのものは消去されません。そのデータのある場所は台帳の上でディスクの空きスペースとして扱われ、次に何か別のファイルが上書きされる時まではそのままになっています。これはつまり、消したはずのファイルは復元できる可能性があるということです。このことはケースによってメリット（間違って消したファイルが復活できる）とも考えられるし、デメリット（消したはずのファイルが見られてしまう）とも考えることができます。完全に消去する必要がある場合には、そのためのユーティリティーソフトを使う必要があります。また二次記憶装置でも最近のSSDの場合はまた話が別で、上書き前に消去してしまう機能が働いているので逆に復元が困難になっています。

デバイスドライバー

　キーボードやマウス、モニターなどの必須な入出力の装置や、プリンターや外部ディスクなどの周辺機器を動かすためのプログラムのことを、デバイスドライバーと呼びます。ユーザーが直接操作するソフ

トではなく、その機器を使うアプリケーションが利用する、要するにOS側の一部として組み込まれるプログラムです。標準的なものはOSと一緒にインストールされますが、自分で周辺機器を増やした場合、それを正しく動かすためにはデバイスドライバーを自分でインストールする必要があります。

GUI

現代のコンピューターを操作するには、画面上に現れるアイコンをポインターという矢印で操作します。アイコン以外に、ウインドウやメニューという操作対象もあります。ポインターを動かすにはマウスなどのポインティングデバイスを使います。またこのような操作が行われる場のことは、デスクトップと呼ばれます。みなさんがお使いのコンピューターで、壁紙（背景画像）が地上の風景になっていようが、宇宙空間になっていようが、二次元キャラの絵になっていようが、この場は机の上（デスクトップ）なのです。もちろんデスクトップとい

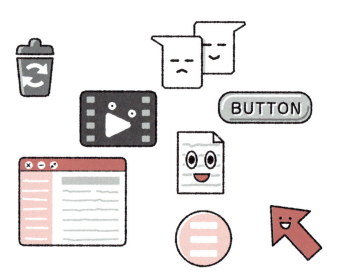

デスクトップで何を示しているか直感的に理解できるのがGUI

うのは比喩（隠喩）なので、正式な呼び名はデスクトップメタファーです。デスクトップ環境と呼んだりします。

　GUIはコンピューターが生まれてすぐに用意されたわけではありません。初期のコンピューターは計算をすることに精一杯で、入力も出力も数字や文字だけでした。計算のための資源を、使う人に優しくするためにも振り向けられるようになるには、ちょっと時間がかかりました。では、GUIが登場したのはいつ頃のことなのでしょうか。

　ちょっとだけコンピューターの歴史をひもといてみましょう。マウスの父として知られるダグラス・エンゲルバートが開発したNLSというコンピューターに照準をあてるのがよさそうです。マウスを備え、画面上には複数のウインドウが表示されるその姿が発表されたのは1968年のことで、この時のNLSのプレゼンはのちに"The Mother of All Demos"（demoはデモンストレーション、すなわち実演の意味）と呼ばれて伝説のようになりました。このプレゼンはコンピューターの学会で行われ、多くの研究者や技術者に影響を与えたためです。影響を受けたひとりであったアラン・ケイが、のちにXeroxの研究所でAltoというコンピューターの上で動くGUI環境を作り上げます。アラン・ケイはパーソナルコンピューターという考え方を初めて構想し、その様態を明らかなイメージで提唱した人としても知られています。しかしXeroxはこれを普及させることができませんでした。やがてその影響を強く受けたAppleのスティーブ・ジョブズがMacintoshという製品においてGUIを実現化しました。1984年のことです。これがその後1990年代になって、Windowsによって広く普及した、という歴史の流れがあります。

第4章　ソフトウェアとは　　061

3 アプリケーション

　OSという土台の上に乗って動くプログラムで、直接にユーザーの用途に供されるものがアプリケーション（アプリケーションソフトウェア）です。ワープロ（ワードプロセッサー）、表計算、データベース、グラフィック、映像編集といった何らかのデータを作り出したり編集したりするプログラム、あるいはブラウザー（ウェブ閲覧）、ビューアー（画像閲覧）、プレーヤー（CDやDVDなどの再生）のようなデータを人間が視聴できる形に変換するためのプログラム、さらにメールやSNSのようなネットワーク上でコミュニケーションを行うためのプログラム、ゲームなどのアミューズメント系プログラムなどがあります。スマートフォンの普及によって、アプリ（App）という略称でよく知られるようになりました。

ユーティリティー

　同じくOS上で動くアプリケーションには違いないのですが、ファイルを圧縮／解凍したり、ファイル形式を変換したり、ディスクの修復を行ったり、ウイルス退治やその予防をしたりといった一群のプログラムを、特にユーティリティーと呼んで区別することがあります。一般のアプリケーションに比べて多くは単機能で小規模なプログラムになっています。OSに付属してはじめから用意されているユーティリティーだけではカバーしきれない仕事を行わせたり、OSの標準機能を改良したり、カスタマイズ（自分用に仕立てること）したりするためのものが各種存在します。

4　ソフトウェアを使う

インストール

　ソフトウェアをコンピューターのハードディスクにコピーし、実際に使える状態に仕立てる作業をインストール（導入）と呼びます。アプリケーションでは本体プログラムのほかにOSに組み込むデバイスドライバーや各種設定ファイル、マニュアル（説明書）やサンプルファイル、チュートリアル（自習用プログラム）などが同時にインストールされることがあります。インストールはインストーラーと呼ばれるユーティリティーが、それぞれのプログラムや設定のファイルをディスク上の適切な場所に格納し、必要に応じてOS側の設定も切り替えてくれます。

バージョンアップ

　ソフトウェアはある期間が過ぎると新しいバージョン（版）が開発され、取り換えることを推奨されます。これをバージョンアップと呼びます。バージョンは一般に数字で表されます。1.0から始まり、1.1、1.2のような小数部分が変わるマイナーバージョンアップが続き、ある段階で2.0に飛びます（メジャーバージョンアップ）。マイナーバージョンアップはソフトの不具合の修正（バグフィックス）のため、メジャーバージョンアップは主にソフトウェアの機能追加や、何らかの方針変更などのために行われます。

　マイナーバージョンアップは、通常はネットワークを通じて必要なファイルが無償で供給されます。OSやブラウザーなどは専用のアップデートプログラムが定期的に立ち上がり、半ば自動的にバージョンアップが行われるようになっています。メジャーバージョンアップはパッケージの買い直しになることがほとんどですが、直前のバージョ

ンを持っている人には販売価格が安く設定される慣習があります。また
プログラムを買い切るのではなく、月額で使用料を支払う方式のも
のがあります。これなどは契約期間内であればバージョンアップのた
めに特別の料金が発生しないようになっています。

ソフトウェアの供給

　ソフトウェアの入手には、箱に入ってお店で売られているものを
買ってくる場合、ネットワークを通じて配付されるものをダウンロー
ドする場合があります。これ以外に書籍や雑誌の付録として手に入る
こともあるでしょう。ネットで入手できるものの多くはフリーウェア、
シェアウェアという種類のソフトウェアでしたが、今では多くの商用
アプリケーションもダウンロード販売に対応するようになりました。
フリーウェアは文字どおり無償で利用できるものですが、教育用に限
るなど用途に制限がある場合があります。シェアウェアは製品ソフト
に比べて少額ですが、作者が対価を要求しているものです。付録とし
て手に入るのはフリー／シェアウェア以外に、製品ソフトのトライア
ル（お試し）版があります。トライアル版は期間限定や機能限定でそ
のソフトを試用できるものです。

5　ソフトウェアのライセンス

　ソフトウェアにはライセンスというものが設定されており、プログ
ラムの提供者と使用者の間に使用権利についての契約関係があること
が文書によって示されます。ソフトウェアをインストールする際に表
示され、この契約関係に同意する旨のボタンを押さないことには、イ
ンストールが進められないようになっています。多くの場合、わたし
たちはその内容をいちいち読むことなく、半ば反射的に「同意する」
ボタンを押してしまいますが、本当にそれでいいのでしょうか。

大切なことをひとつ押さえておきましょう。実のところ、商品としてのソフトウェアに対してわたしたちがお金を支払うことによって得られるのはソフトウェアそのものではなく、そのソフトウェアをある条件のもとに使用することができる権利であるということです。一般的なハードウェアを買った時、わたしたちはそれを丸ごと他人にあげたり、分解して部品として売ったりすることに制限はありません。ところがソフトウェアの場合は、そういったユーザーの行為に対していちいち細かい制限が設定されています。たとえば以下のような制限が一般的です。ソフトウェアを利用できる人数やインストールできるコンピューターの台数、ソフトウェアの利用可能期間、第三者への貸与および譲渡禁止、リバースエンジニアリング（解析して技術を得ること）の禁止など。なぜこのようにガチガチに制限がかかっているのかというと、ソフトウェアは開発に莫大なコストがかかるわりに、複製がいとも簡単にできてしまうという点に理由があるのでしょう。

ソフトウェアをインストールすることは契約書に捺印するのと同じ

第4章　ソフトウェアとは　065

オープンソース

　このような商用ソフトウェアの考え方に対し、全く別の考え方があります。アプリケーションを作成する際に開発者によって書かれるソースコード（これを一般のユーザーが使える形に変換したものがオブジェクトコードと呼ばれます。アプリケーションは一般にオブジェクトコードの形で供給されます）は、通常は一般に公開されません。プログラム言語を理解できる者がそれを読めば、そのアプリケーションがどのような仕掛けやアイデアで動いているのかが一目瞭然になってしまい、プログラムそのものやそのアイデアの剽窃が起きるからです。

　しかし、逆にソースコードを公開して、意思のある者であれば誰でもそのアプリケーションの改良に参加できるようにすることがあります。これはオープンソースと呼ばれる考え方で、ブラウザーのFirefoxや、アプリケーションではありませんがスマートフォンのOSであるAndroidなどが、この形態で開発されており、その成果であるプログラムは無料で配布されています。同じ無料といっても、スマートフォンの無料アプリのほとんどがアプリ内の広告収入や追加機能への課金によって収益を得ているのに対し、オープンソースによるプログラムの多くはそういうレベルの考え方をしていません。ソースが公開されているということは、そのプログラムがユーザーに不利になるような怪しい動作をしていないということが、まさに衆人環視の状態になっていることを意味します。このことによって得られる安全性にこそ価値があるのです。つまりOSや、アプリケーションであっても土台のような性質を持つブラウザーにおいてこそ、オープンソースが強みを発揮するということです。

第 5 章　文書を作る

1　テキストエディター

　パソコンで文書を作るには、文字を入力して並べ、消したり順番を入れ替えたりという編集作業（エディット）ができる、テキストエディターという種類のソフトウェアが必要です。OSをインストールしただけのパソコンであっても、OSに付属するおまけのようなソフトとしてすでに用意されています。Windowsではメモ帳、Macintoshではテキストエディットという名の、必要最小限の機能しかないアプリケーションがこれにあたります。ここではテキストエディターを使って日本語の文書を作ることを通じ、具体的なソフトウェアの動きや設定、いろいろな決まりごとなどを見ていきましょう。

　一般に文書を作るにはワード（Microsoft Word）や一太郎という名の、いわゆるワープロソフトが必要と思われているのですが、これらワープロはどちらかというと作られた文書を紙にプリントする機能に力を入れています。文字の書体や大きさを切り替えたり、レイアウトをしたり製本を考慮したりして、紙になった時に見栄えよく仕立てることに重点が置かれたソフトなのです。

　それに対してテキストエディターは、その文書があとで何に使われるかを想定せずに、単に文書だけ、つまり文字の並びを作るだけの単機能なソフトです。このようなソフトで作られたテキストファイルを、プレーンテキストと呼びます。

　Windowsにはじめから付属しているソフトには、もうひとつワードパッドというものがあります。これは簡易ワープロというべきソフトで、文字の書体や大きさ、色を変えたり、右寄せやセンタリングといったレイアウトを施すことができます。ワードパッドで保存されるテキストファイルは、リッチテキストと呼びます。リッチテキストにはテキストそのものだけでなく、文字に対して加えられた修飾やレイ

アウトの情報が付加されています。Macintoshに付属するテキストエディットは、いうなればメモ帳とワードパッドの機能を併せ持っており、プレーンテキストに相当する標準テキストモードとリッチテキストモードを切り替えて使うようになっています。

2　日本語入力

かな入力／ローマ字入力

　日本で普通に売られているパソコンのキーボードは、アルファベットとひらがなが表記されています。かな入力とローマ字入力のどちらを使うかはユーザーの選択によります。自分のパソコンであっても切り替えのためのコントロールパネルをどのようにして呼び出すのか、切り替える可能性のある人はあらかじめマニュアルやヘルプで調べておくとよいでしょう。

　これからパソコンの使い方を覚えようとする人にとっては、どちらの入力方法を練習したらいいのかは、大きな問題かもしれません。キーボード上に書いてあるひらがなをそのまま打てばよいので、かな入力の方が取っつきやすく見えるかもしれません。しかしメールアドレスやウェブのURLなどはアルファベットですから、結局アルファベットのキー位置も覚える必要があります。だったらローマ字入力の方が覚えるキーの数は少なくて済みます。そのためかどうかわかりませんが、現在ではローマ字入力を選択する人の方が多いようです。

　両手を使って素早く正確に文字入力するには、タッチタイピングを身につけるといいでしょう。タッチタイピングとは、手元を見ずに10本の指をすべて用いてキーをタッチし、入力することです。ほとんどのキーボードの「F」と「J」のキーには、小さな突起がついています。この小さな突起のあるキーそれぞれに左右の人差し指を合わせます。そうすると親指は左右とも一番手前のスペースキーに来るよう

第5章　文書を作る　069

になります。このような手の置き方をホームポジションと呼びます。ホームポジションに指を置けば、そのほかの主要なキーには指の曲げ伸ばしだけで届きます。最初は練習が必要ですが、しっかり身につけるとスピードと正確さを得ることができます。ちなみに筆者は正式なタッチタイプを身につける機会がなかったため、今もデタラメな打ち方をしています。しかしそれでも何とか仕事になっています。日々大量のキー入力をするのでない限り、無理に矯正する必要もないとは思います。

かな漢字変換（日本語入力システム）

　かな入力であろうとローマ字入力であろうと、打ったかなの一部をさらに漢字に変換しないと日本語の文章になりません。したがってこの変換を担当する機能がそのパソコンにおける文字入力の使い勝手を決定するといえます。この「かな漢字変換」は、一般にインプットメソッドというOSの機能の一部が担っています。現在では変換のための補助機能まで含めて「日本語入力システム」と呼ぶようになっています。日本語以外でも、キーボードで直接すべての文字を打つことができない、たとえば中国語のような言語には必須な機能となっています。

　OSに付属のインプットメソッドとして、WindowsではMS-IME、Macintoshでは日本語入力プログラム (Japanese Input Method) というプログラムが組み込まれています。変換のよしあしはプログラムの効率もさることながら、変換辞書という変換用のデータベースが充実していることや、学習機能がうまく働いてくれることで決まります。一般的な使用にはこれら付属のものでも十分に使えますが、日頃より大量の文章を打つ必要のあるユーザーは、より性能の高いものを求めて、あえて別会社が開発し販売しているプログラムと入れ替えて使うこともあります。

言語環境と入力のモード

　かな入力では、それぞれのキーにアルファベットとひらがなが併記されたキーボードを使い、同じキーを使って別の文字を入力することになります。実はどのキーにどの文字を割り当てるかというのは、キー上の印字とは全く関係なく決めることができます。この設定は「入力ソース」を切り替えることで行います。

　また同じアルファベットを使っていながらキー配列が微妙に違っていたり、ちょっとだけ別の文字を使うドイツ語やフランス語などのヨーロッパの言語も、それぞれのための入力ソースが用意されています。さらには全く別の文字を使うロシア語やアラビア語、日本語と同じようにインプットメソッドを通して入力するハングルや中国語の漢字など、さまざまな言語と文字に対応した入力ソースがあります。使う使わないにかかわらず、世界中の言語環境が扱えるようにはじめから準備されています。以上の説明はMacintoshのものですが、Windowsでも「テキストサービスと入力言語」というコントロールパネルで同様に切り替えることができます。

　複数の言語環境を切り替えて使うユーザーはそれほど多くはないと思われるかもしれませんが、日本語の文章の中にたびたび現れる数字やアルファベットをどうやって入力するか、という身近な事例は、実はこの問題の範囲内です。現在使われている日本語入力システムでは、そのつど入力ソースをメニューから選ぶのでなく、押すだけで英語モードと切り替えられるような専用のキーが用意されています。Macintoshでは「かな」キーと「英数」キーが、Windowsでは「半角／全角」キーがそれにあたります。

　ここですでにお気づきのことと思いますが、コンピューターで使われる日本語の文字の中には、「5」と「5」、「g」と「g」のように英数字が2種類あります。一般にそれぞれ全角と半角と呼ばれているのですが、書体によっては必ずしも半角文字が全角文字の半分の幅になると

第5章　文書を作る　071

は限りません。つまり単なる幅の問題ではないようです。同じ文字が
ふたつずつあるというのは、どう考えても無駄です。いったいなぜこ
のような面倒なことになっているのでしょう。この理由を理解するに
は、コンピューターが文字を扱うしくみについて、もうちょっと深く
見ていく必要があります。

3　文字コード

全角／半角

　第2章でもふれましたが、コンピューターで使われる文字は、すべ
てにコードという番号が振られています。たとえば「美」という漢字
には、JISコード（後述）では「487E」というコードが与えられています。
コードの中にEというのが見えますが、これも含めて数字です。覚え
ていますか？　そう、十六進法です。桁の区切りがちょうどバイトの
区切りと一致するために十六進数を使っているわけですが、そのこと
を具体的にいうと「2桁の十六進数が1バイト」になります。ですから
「487E」のような4桁の十六進数は計2バイトになります。これを称
して、「美」という漢字は「2バイトのコード」で表される、といいます。
　もちろんコードが振られているのは漢字だけではありません、日本
語にはひらがなやカタカナ、数字やアルファベット、さらには％や＆
＊のような記号なども使われています。このように日本語で使われる
文字を網羅したコードのかたまりを、日本語コード系といいます。日
本語コード系にはJISコード、Shift JIS、EUC-JPがあって、用途や経
緯によって使い分けられてきました。ところがコンピューターで日本
語が使えるようになる前から存在する、数字とアルファベットだけ
の基本的なコード系があります。ASCII（American Standard Code for
Information Interchange：アスキーコード）と呼ばれるものです。日
本語を表すには2バイト必要でしたが、数字とアルファベットだけの

幅の違いだけではない全角文字と半角文字

ASCIIでは、1バイトですべての文字を表すことができます。英語はASCIIだけあれば事足りるのです。ずるいようですが、こればかりは仕方ありません。

　日本語コードはあとから登場したため、以前からあったASCIIと混ぜて使うことができるように工夫されました。そのためASCIIと日本語コードに同じ文字があると、混ぜて使った時に同じ文字が2種類あることになってしまうわけです。たとえば「5」(全角)はJISコードで「2335」、「5」(半角)はASCIIで「35」で表される、データとしてはそれぞれ別の文字であるということです。さらに半角文字には「半角カナ」という特殊なものもありますが、この扱いについては電子メールの章で触れることにします。

むずかしい漢字の入力とUnicode

　読み方がわからなかったり、変換候補になかったりする漢字を入力する場合、文字表を利用して漢字を探すことになります。文字表は、そのパソコンが扱うことのできる文字をコード順や部首別で並べたもので、Macintoshでは「文字パレット」や「文字ビューア」、「絵文字と

記号」(面倒なことにバージョンによって呼び名が違ったり、呼び出せる場所や方法が変わってしまうのです)、Windowsでは「文字一覧」という名前でどこかにありますからヘルプで探してみましょう。

　さて、文字表はコード系を切り替えて表示させることができます。JISコードとShift JISコードではその内容に大きな違いはありませんが、Unicode(ユニコード)というコードを選ぶと、見たこともないような文字が大量に並んでいるのが見えるはずです。Unicodeは世界中で使われている文字をひとつのコード系として、言語によっていちいち切り替えることなく扱えるようにしたものです。漢字は、東アジアの各国語ですでにコード化されて使われているものが統合され、すべて収容されています。現在のOSでは、過去のデータも使えるように表面上は以前使われていたJISやShift JISコードも現れますが、内部での処理はすべてUnicodeで行われるようになっています。

　Unicodeには、実際に使われるコード系としてUTF-8、UTF-16、UTF-32というものがあります(UTFとは、Unicode Transformation Formatの略です)。この中でASCIIと互換性が高くなるように作られたUTF-8が、国際標準として使われることが多いようです。実際にテキストファイルを保存する際のコードの設定などが必要な場面で、よくわからなかったらとりあえずUTF-8を選んでおけば間違いないでしょう。ただし、ASCIIで表される英数文字が少なく日本語の文字ばかりのテキストファイルの場合、実はUTF-16で保存した方がファイルのデータ量は少なくなります。これはUTF-8では英数の部分を1バイトのまま、日本語の部分を3バイトで表すのに対し、UTF-16では英数も含めてほとんどの文字を2バイトで表すためです。

機種依存文字

　かつて記号の中には、OSが違うと表示できなかったり、表示しても全く別な文字に化けて(変わって)しまうものがありました。丸つき

数字（丸数字、丸囲い数字）やローマ数字、さらに㈱やkmのように1文字のスペースに詰め込まれた省略文字や単位などがこれにあたります。これらの文字は機種依存文字というもので、文字が化けるのは同じ文字がOSによって別のコードに割り当てられるために起きる現象でした。これはそもそもJIS（Japanese Industrial Standards）にない文字をメーカーが独自に追加してコード化した、OSの日本語化の歴史に絡んだ根の深い問題なのです。

　たとえばWindowsで打った原稿をMacintoshでレイアウトして印刷するといったような、OSをまたいでファイルがやり取りされることが事前にわかっている場合には、注意が必要とされていました。しかしこの問題もUnicodeの普及によってほぼ解消されたと見てよいでしょう。機種依存文字のほとんどがUnicodeに収録されたため、どのOSからでも同じコードの文字として呼び出せるようになったためです。この問題は第7章でもまたふれることにします。

4　文字列の編集

カーソル

　文書を書くとは、要するに文字を入力してあらたに文字列を作り、作った文字列を削除したり、コピーしたり、移動したりという編集の操作を延々と繰り返すことです。この操作を行う際に、次の文字が現れる場所を示してくれるのがカーソルです。縦の棒が点滅する姿で表されている、すでにおなじみのものでしょう。カーソルを動かすにはキーボードの矢印キーを使ったり、マウスで動かしたりしますが、文字を打っているテキストエディターのウインドウ内でマウスで動かすと、ウインドウの外では矢印で表されていたものが別な形（大文字アルファベットのIに似た形）に変化することに気づきましたか？　これをIビームと呼びます。ちなみにマウスと連動して動くこの矢印は、

第5章　文書を作る　075

ポインターという名前です。

折り返し・改行

　文字を打ち続けてその行がいっぱいになると、下の行の左端に自動的に文字が降りてきます。場合によっては文字が下がらずに、そのまま行が長くなり、ウインドウからはみ出してしまうことがあります。前者は、「折り返し（ラップ）」という機能のたまものです。折り返しの状態になっているテキストエディターのウインドウの幅をマウスで変えると、折り返し位置が幅に応じて変化します。これに対して「改行」というのは、ウインドウ幅の成り行きで行が変わるのではなく、自分で強制的に行を変えることをいいます。Macintosh では return キー、Windows では enter キーがその役を果たします。

　改行は、実は目に見えない文字（制御文字といいます）がその位置にあって、それを読み込んだソフトに行を変える指示をしています。この改行コードは面白いことに OS によって違っています。これも歴史的な経緯が今に残る面倒な問題ですが、OS をまたいで文書ファイルをやり取りする場合は気をつけてください。もっとも Macintosh と Windows の両方で動く同じアプリケーションの間をファイルが行ったり来たりするような場合は、自動で変換してくれるようになっているはずです。

2種類の削除キー

　すでにある文字を消す場合、カーソルはその文字の前にあるべきか、後ろにあるべきかという問題です。Windows の 109 キーボードでは、両方のキーがあります。前にある文字を消すのが Backspace あるいは BS と書かれたキーで、後ろにある文字を消すのが Del と書かれたキーです。Del は Delete（消す）の省略です。Macintosh では、削除キーはひとつしかありません。そしてそれは機能としては前にある文字を

消すBSキーなのですが、キーにはdeleteと書かれています。ちょっと
ややこしいことになっていますね。

コピー・ペースト

　ある範囲の文字列をマウスでドラッグして選択し、編集メニュー
にある「コピー」を選び、挿入する場所にカーソルを入れて、編集
メニューで「ペースト」（Macintoshの場合）あるいは「貼り付け」
（Windowsの場合）を選ぶと、文字列を写し取ることができます。ま
た文字列を移動させるには、同じ操作なのですが編集メニューから
コピーの代わりに「カット」（Macintoshの場合）あるいは「切り取り」
（Windowsの場合）を選び、もとの文字列を削除した状態で写し取る
ことによって行うわけです。これらの操作は文字列だけでなく、表計
算における数字データやグラフィックにおける画像、図形データをは
じめとして、音声や映像までをも含むあらゆるデータに対して行うこ
とのできる、データ編集の基本操作になっています。

5　フォント

書体とフォント

　書体とは文字のデザインのことですが、パソコンではフォントと呼
んでいます。書体とフォントはもともと指し示している概念がちょっ
と違うのですが、パソコン上ではほぼ同じ意味で使われるようになっ
ています。ちゃんと考えれば、書体とは文字のデザインのことです。
フォントというのはこの場合、デジタルフォントデータと呼ぶのが正
しく、要するにあるデザインで作られた文字セットのデータそのもの
を指します。書体を切り替えるには実質的にフォントのデータを切り
替えることになるため、厳密に区別しなくても意味は通じるわけです。
　フォントには欧文フォントと和文フォントがあります。もちろん

第 5 章　文書を作る　　077

それ以外の言語用の文字のフォントもありますがここでは省略します。欧文フォントとはラテンアルファベットだけのフォントで、活字の時代から継承された大量の書体がデジタルフォント化されています。ローマン系、サンセリフ系、スクリプト系など、デザインの違うものがそれぞれ何種類もOSに付属してはじめから使える状態になっています。和文フォントも欧文フォントほどのバリエーションはありませんが、明朝、ゴシックそれぞれ数種類のものがOSに付属しています。

　フォントの使用には適材適所がある、という話はグラフィックデザインの領域になるのでここでは割愛しますが、見出し用の太いゴシック体を本文に使えば潰れて読みにくくなる、というようなことは誰でもわかる話です。いろいろなフォントが入っているからといってむやみに使いまくると品のない文書になり、かえって読みにくくなったりします。ひとつの文書で和文フォントの種類はふたつにとどめる、ぐらいの抑制を利かせたフォントの使い方が好ましいといえます。

　ちなみにテキストエディターではひとつの文書の中に複数の書体を使うことはできません。いうまでもありませんが、その必要のある場

フォントによって印象はがらりと変わる！

合はワープロ系やグラフィック系のアプリケーションにテキストエディターで作成した文書を流し込み、あらためて書体や大きさの指定をすることになります。

異体字

　特に人名で問題になるのが異体字です。たとえば渡辺さんや高橋さんはそれぞれ「辺」や「高」が違う方がいらっしゃいますね。このように本来は同じ意味の漢字が歴史的な経緯などで別な書き方をするようになってしまったものを、異体字と呼んでいます。異体字は扱いが3段階になっています。利用頻度の高いものはそれぞれ別の文字と見なされてコード化されています。ほどほどのものは外字と呼ばれて機種依存文字として拡張され、きわめてまれなものはその場でユーザー外字として汎用性のないコードを一時的に振られて局所的に対処されてきました。かつて外字とされていた字の多くもUnicodeに収録されました。今後はUnicodeに収録されたものは残り、ユーザー外字でないと出せないような字は使われなくなっていくことでしょう。情報の流動性が高くなった社会では、通用範囲が限定的で汎用性のない一時的なコードは使いようがないからです。

6　ファイル・フォルダー

ファイル形式と互換性

　単に文字だけを保存すればよいという用途の場合、プレーンテキスト形式で保存します。メモ帳とテキストエディットの標準テキストモードではこの形式での保存になります。この時、保存されるファイル名の末尾に .txtというのがつきますが、これは拡張子と呼ばれるもので、そのファイルの形式を示す記号になっています。最近のWindowsでは初期設定で拡張子が見えなくなっていますが、見える

第5章　文書を作る　079

ようにしておくことをおすすめします。またMacintoshの場合、拡張子がなくとも別の隠れた場所にファイルの属性が保存されるため、拡張子をつけない習わしでした。しかし他のOSとデータのやり取りをすることを考えて、なるべくつけておく方がよいでしょう。

　文字の書体や大きさ、色を指定したり、行揃えや行間の調整などのレイアウトを施した文書は、リッチテキスト形式で保存します。ワードパッドとテキストエディットのリッチテキストモードの場合です。Windowsの場合、リッチテキスト形式は.docや.docxという拡張子がつきますが、これはMicrosoft Wordの形式です。汎用性のあるリッチテキストは.rtfという拡張子になります。

　文書作成に限らない一般論ですが、ファイルの保存（上書き保存）はこまめに行いましょう。突然停電になったり、誰かがパソコンの電源ケーブルに足を引っかけて抜いてしまうこともないわけではありません。また何らかの理由でパソコンが突然、固まったように止まってしまう（フリーズする）ことがあります。このように突然電源が切れたりフリーズしたりすると、その時に打っていた文書は、きれいさっぱり消えてしまいます。しかしフリーズする前に保存をしていた部分まではハードディスクに書き込まれていますから、パソコンを再起動してそこからやり直すことができます。最後に保存してからの時間が長ければ長いほど、失われた文字の数が多くなって被害が甚大になるというわけです。気の利いたアプリケーションには自動的に保存をしてくれるものもありますが、それに頼らず自分で意識してこまめに保存する習慣を作ることをおすすめします。

2種類のファイル

　文書に限らず、コンピューター上で作られたデータやコンピューターを動かすさまざまなプログラムは、すべてファイルという情報のかたまりとして保存されています。ひとつのファイルは通常、ひとつ

のアイコンとして表示されます。アイコンの絵が違えばそれは別の種類のファイルであることが直感的にわかる、というしくみになっているわけです。さまざまな種類のあるファイルですが、大きく2種類に分けることができます。

　文字がプレーンテキストで保存されているテキストファイルと、データやプログラムそのものが直接に保存されているバイナリーファイルです。同じ文書でも、プレーンで保存すればテキストファイルですが、文字の書体や大きさやレイアウトの情報をつけて保存すればバイナリーファイルになってしまいます。第4章で出てきたソースコードのファイルはテキストファイルなので、テキストエディターなどで人間が読み書きすることができます。一方、それをアプリケーションとして動くように変換（コンパイル）したオブジェクトファイルは、人間が読み書きできませんのでバイナリーファイルです。

フォルダー

　コンピューターを使い込んでいくと、だんだんファイルがたまってきます。たまったファイルはどれが何だかわからなくなる前に整理するようにしましょう。フォルダーを作ってその中に分けて入れることが、ファイル整理の第一歩です。フォルダーはディレクトリーとも呼ばれ、複数のファイルをまとめて入れておくことのできる、書類入れのような存在です。フォルダーには自由に名前をつけることができますから、仕事の種類や作った時期などによってうまく分類できるように工夫します。フォルダーの中にさらにまたフォルダーを作ることもできます。ただし、フォルダーをマトリョーシカのように何段もの入れ子にしてしまうと、目指すファイルに到達するまでにいくつものフォルダーを開かなければいけなくなり、かえって仕事の効率が低下します。

　自分で作るファイルとフォルダーは使いやすいように自由な構成に

第5章　文書を作る　081

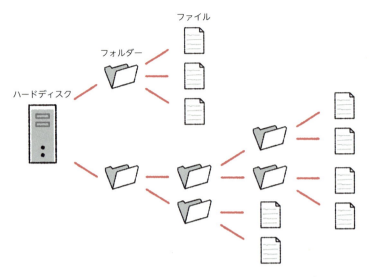

ファイル（書類）はフォルダーに入れて整理するとよいが、
何回もフォルダーを開けないといけないのは考えもの

してよいのですが、OSにはじめから付属するファイルとフォルダー
は、構成や名前を変えるとコンピューターが正常に動かなくなるこ
とがあります。Windowsでは「WINDOWS」フォルダー、Macintosh
ならば「システム」フォルダーがこれにあたります。これらのフォル
ダーは不用意にいじらないようにします。もっとも現行のOSであれ
ば、これらのフォルダーは消去したり構成を変えたりできないよう、
保護されているはずです。

7　文書の印刷

　では、このあたりで作った文書をプリントしてみるとしましょう。
その前にプリンターが正しく接続されて電源が入っていることを確認
します。プリンターのドライバーは正しくインストールされています
か。ネットワーク接続されたプリンターでは、ネットワークの設定も

正しく行われている必要があります。会社や学校など、複数のプリンターがネットワークに接続されて使えるようになっている場所では、どのプリンターでプリントするのかを正しく選んでから出力しないと、意図しない場所にあるプリンターに出力されることがあります。くれぐれも極秘文書が隣の部屋のプリンターから出力されたりしないように注意してください。

PDF

　ところで現在ではすべての文書が紙の上にプリントされるとは限らなくなっています。ウェブであったり、動画の字幕として文字データが表されることもしばしばですが、A4など特定の紙のサイズを想定してレイアウトされた文書であっても、実際に紙にプリントせず、画面上で見られることが多くなっています。このように紙にプリントした状態をシミュレーションとして画面で見る時に使われるのが、PDF（Portable Document Format）という形式です。PDFはそもそもファイルを作ったアプリケーションがなくてもそれを表示、プリントすることのできるように、汎用性の確保のためのファイル形式として作られました。PDFファイルはアプリケーションから書き出すことによって得られますが、その機能がないアプリケーションであっても、プリントする際に実際にプリンターにデータを送る代わりとしてPDFファイルを書き出すことができるようになっています。

第 6 章　ネットワークとは

1　計算機からメディアへ

　コンピューターは単独で動いていてもさまざまな仕事ができますが、ネットワークにつなげて別のコンピューターと情報をやり取りすることによって、その性質を一変させます。単独で動いている場合は、たとえグラフィックソフトであっても還元的に見ればコンピューターは単に計算をしているだけです。1台の中ですべてが完結した世界を持つ計算装置です。しかしこれがネットワークをとおして他のコンピューターと情報をやり取りするようになると、テレビや新聞のような「メディア」と見なせるようになります。コンピューターは単に計算をしているにすぎないという点は何ら変わりませんが、ネットワークまで含むと総体的な機能が全く変わってしまうのです。しかもそのメディアは一方通行のテレビや新聞などと違い、電話や郵便のように双方向性を持ったものです。ニュースを知ったりエンターテインメントを楽しんだりするだけでなく、さまざまな情報を簡単にこちらから発信することができるようになりました。ソフトウェアのアップデートも、ほとんどがネットワークを経由して行われます。現代のコ

ひとりではなく、みんなでつながれば「メディア」になる

ンピューターにおいて、ネットワークとの接続は必須の条件であると
いってよいでしょう。

2 LAN・Wi-Fi

　LAN（Local Area Network：ラン）というのは、2台のパソコンをつな
いで相互にデータをやり取りできるようにしたり、片方のパソコンに
つながれたプリンターを別の1台からも使えるようにしたりという段
階から始まります。文字どおりローカルな、限られた範囲内で構成さ
れるネットワークのことをいいます。家庭内ネットワークや、会社の
ビル内ネットワークがLANです。LANの規模が大きくなると、WAN
（Wide Area Network）と呼ばれる形態が必要になることがあります。
同じ会社でもビルが別の場所にあったりする場合、あるいは本社と支
社、営業所などが遠隔地にある場合などがこれにあたります。離れた
場所の複数のLANをつなぐには、途中に電話回線や専用回線などの
通信業者のサービスを借りて接続することが行われていますが、こ
れを称してWANと呼んでいます。また広義のWANは、LANを相互
につないで巨大なネットワークになった状態（後で説明するインター
ネットとほぼ同じ意味）を指します。

イーサネット
　LANを構成する具体的な技術は、イーサネット（Ethernet）と呼ばれ
る規格が主流です。イーサネットの特徴は、転送されるデータがある
一定の大きさ以下に小分けされ、それぞれが宛先コンピューターと差
出コンピューターのアドレスをつけられたデータのかたまり（MAC
フレーム）として運ばれるというものです。これによってひとつの
ネットワークの中に何台、何十台というパソコンがつながっていても、
互いに混線することなくデータをやり取りすることができます。イー

第6章　ネットワークとは　087

サネットのアドレスはMACアドレス（Media Access Control address）というもので、機器ごとに製造段階で付与されています。MACアドレスは、世の中で他に同じものがないようなしくみで番号が振られています。

　一般にはLANケーブルという呼び名で、イーサネットを接続するために売られているケーブルは、正式にはツイストペアケーブルといいます。ツイストペアケーブルを使ったイーサネットは、データ転送スピードにより各種のものが使われています。基本的な規格である10BASE-Tは10Mbps（bit per second：ビット毎秒、bps）のスピードですが、すでに過去のものになりました。主流は100BASE-TXという100Mbpsのもの、さらにその10倍のスピードの1000BASE-Tが普及しています。また長さに制限のある、金属製の電線によるツイストペアケーブルでは接続できないような長い距離が必要な場合、光ケーブルによる接続も行われます。

ハブ・スイッチングハブ・ルーター

　ツイストペアケーブルを取りまとめて、それにつながったパソコン同士を接続する機器がハブです。現在ではより効率のよい方式であるスイッチングハブが主流で、これらは単にスイッチと呼ばれることもあります。ツイストペアケーブルの差込口であるポートの数は、4、8、12、16、24などのものがあり、ネットワークの規模によって使い分けられるようになっています。

　複数のLANをつなぐ場合、WANを構成する時やインターネットに接続する場合ですが、ルーターという機器を使うことになります。ルーターはLANの中を飛び交うイーサネットのMACフレームの中から、IPパケットというデータの小包を取り出します。その小包の宛先（IPアドレス・後述）を読んで外部ネットワーク宛てのものだけをLANの外部に流します。また反対に、外から内部ネットワーク宛て

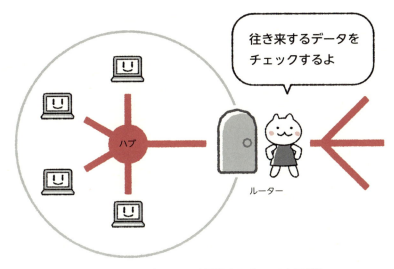

ルーターはコンピューターを通過するデータのお目付役

のデータだけを選別してLAN内に取り込んでくれます。

無線LAN

　ツイストペアケーブルを使わずに、電波で接続するのが無線LANです。無線LANは、IEEE802.11シリーズと呼ばれる規格が使われています。もっとも早くに普及したのが、データ転送スピードが11Mbpsの、IEEE802.11bという規格です。これより速い接続が必要になり、54MbpsのIEEE802.11gという上位の規格も作られました。しかしこれらふたつの規格が使っている周波数帯は、無線LAN以外にもさまざまな利用がなされており、とても混雑しています。混信によって正常な動作ができなくなったり、スピードが低下することもあります。そこで全く別の専用の周波数帯を使うIEEE802.11aという規格が登場しました。IEEE802.11aはスピードは同じ54Mbpsで、到達距離も短めで障害物に弱いという欠点もありますが、混信によるスピード低下が起こりにくく安定した動作が期待できるものです。さら

に両方の周波数帯を使い、複数のチャンネルを使うなどしてスピードを最大600Mbpsまで上げた規格がIEEE802.11nです。その後、ギガビット台までスピードを上げたIEEE802.11acが登場し、ついに条件がよければ有線LANと互角のスピードでのデータ転送が行えるようになりました。IEEE802.11シリーズはその後も別の周波数帯を使うなどして、新しいものが現れています。

　新しい無線LAN機器は、以前の規格がすべて使えるようになっているのが普通ですが、親機（アクセスポイント、ベースステーション、無線LANルーターなどと呼ばれる）と子機（パソコンやスマートフォンに内蔵、あるいはUSBなどで接続）で同じ最新の規格が使えるようになっていないと最大のスピードで利用できないことはいうまでもありません。また親機と子機のメーカーが違っても接続できるよう、相互接続性を保証している製品には、メーカーを問わずWi-Fi（ワイファイ）というブランド名がつけられています。今ではこのWi-Fiが無線LANの代名詞のようになっています。

　無線LANはその性質上、第三者によるデータの傍受が行われる可能性があります。親機を買ったままの設定で使うのではなく、少なくとも接続のためのパスワードの設定と、最新の暗号化方法が選択されていることを確認することが必要です。また少々手間はかかりますが、無線LANによるネットワーク名（Service Set Identifier：SSID）を非公開にしたり、MACアドレスを登録していない子機が接続できないような設定にすることもできます。ところで全く管理や適切な設定がされていない状態の親機は、公衆無線LAN（後述）でもないのに近所や通りすがりの誰でもがつなげられる状態になってしまうことがあります。これらは俗に野良Wi-Fiとか野良アクセスポイントと呼ばれる存在ですが、自分の親機がそのようなルーズなネットワークを作り出すことのないよう、ちゃんと設定してから使いましょう。

3　インターネット

　ネットワークの利用には、ファイル共有やプリントなどLANの中だけで完結するもののほかに、メールやウェブのように外の世界とのデータをやり取りするものが多数あります。このためにLANやWANはルーターによって相互に接続されているわけです。地域を、さらには国を越え大陸を越えて、世界的につながったこの相互接続の全体のことをインターネットと呼んでいます。はじめからインターネットにつながっているスマートフォンやタブレットコンピューターがこれだけ普及している現在では、わざわざインターネットに接続する、ということを意識する機会がなくなりつつありますが、さまざまな適切な設定の膨大な積み重ねによってつながっているということは、頭の片隅にでも置いておいてほしいものです。

　インターネットのもとになったのは、1960 〜 70年代にアメリカの防衛関連技術のひとつとして研究された、遠隔地のコンピューターの相互接続実験でした。外国から飛んできたミサイルでどこかが破壊されても、全体が止まることなく動く分散型のネットワークを構築する、という当初の枠をはみ出し、汎用的なコンピューター技術のひとつとして学術分野に広く浸透していきます。1990年代はじめまで、インターネットは大学や企業の研究部門だけが接続されている限定的なユーザーのネットワークでしたが、その後1990年代の半ば以降、家庭や一般のオフィスに普及したパソコンから接続するサービスを提供するプロバイダー（Internet Service Provider：ISP）と呼ばれる接続業者が現れ、商用サービスとして一般の人々が使えるものとなりました。このインターネットが一気に一般化するきっかけを作り出したのは、World Wide Web（ウェブ）であるといわれています。

　インターネットを成立させているもののひとつに、標準化された

第6章　ネットワークとは　091

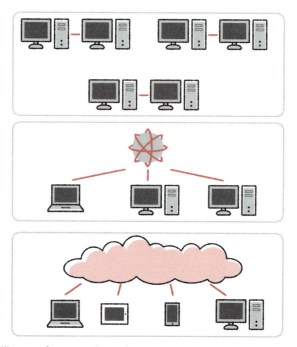

小規模にコンピューターがつながっていた時代からインターネットによる大ネットワークへ進化、その上にクラウド環境が築かれた

規格の存在が挙げられます。メーカーの違うあらゆるハードウェアを接続し、違ったOSの上で動くさまざまアプリケーションが相互にデータをやり取りするには、それらがTCP/IP (Transmission Control Protocol/Internet Protocol) という名の、インターネットの基盤になっている階層化されたプロトコルにしたがって機能するようになっている必要があります。プロトコルというのは、データをどのようにやり取りするかの手順を定めたものです。

IPアドレス・URL

インターネット接続されたパソコンや装置にはIPアドレスと呼ばれるアドレスが振られています。IPアドレスはイーサネットのMAC

アドレスとは別のレベルで振られるアドレスで、こちらは恒久的なものではありません。たとえ同じパソコンでも接続するネットワークや条件によっていくらでも変わります。またインターネットに直接接続した場合は、IPアドレスはインターネット全体で一意な（同じものが他にない）ものが振られます。これをグローバルアドレスと呼びます。グローバルアドレスがわかれば、世界中のインターネット接続されたコンピューターを、正確に特定することができます。

　IPアドレスは、たとえば133.73.250.8のように、ドットで区切られた4つの数字（おのおの0から255まで）で表されます。しかしこれを覚えたりするのは大変ですし、単なる数字ですからどこの組織の何のためのコンピューターであるかも直接に表すことができません。そこで考えられたのがDNS（Domain Name System）です。www.musabi.ac.jpのような言語的に意味のあるアルファベットの組み合わせを、数字だけのIPアドレスと対応させて定めることにより、このコンピューターが実は日本の武蔵野美術大学のウェブサーバーであることが、ぐっとわかりやすくなるというわけです。このwww.musabi.ac.jpというアルファベットの組み合わせは、一般にホスト名と呼ばれます。特にmusabi.ac.jpの部分はドメイン名と呼ばれて、インターネットに接続している組織を示します。wwwの部分がコンピューター（ホスト）のその組織内における名前ということになります。ウェブサーバーにはwwwとつけるのが習慣になっていますが、実は全く別の名前をつけても構わないのです。通信教育課程のウェブはcc.musabi.ac.jpになっていますね。ちなみに「cc」はcorrespondence courseの略です。

　日常的にアドレスと呼ばれて今日さまざまな場面で見かけるものは、このホスト名にさらに情報が付加されたもので、正式にはURL（Uniform Resource Locator）といいます。たとえばhttp://www.musabi.ac.jp/outline/index.htmlというのは、ホスト名を挟んで前後にふたつの情報が付加されて成り立っているURLです。httpは、このホストが

第6章　ネットワークとは　093

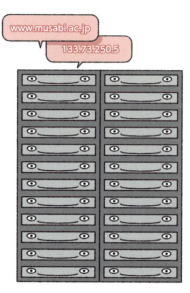

数字だけのIPアドレスとニックネームを変換するのがDNSサーバー

HyperText Transfer Protocolというプロトコルにしたがうもの、つまりウェブサーバーであることを意味しています。この部分はスキーム名と呼ばれます。さらに/outline/index.htmlは、このサーバー上のどの位置に目的とするページがあるのかを示しています。こちらはパス名と呼ばれます。

　ちなみにURLはネット上にあるリソース（データやサービス）の位置を示す方法ですが、これとは別に世の中にある情報の名前を一意に識別する方法が考えられています。これはURN（Uniform Resource Name）というもので、すでに広く使われているISBN（International Standard Book Number：国際標準図書番号）などがそれに含まれます。URLとURNを合わせた、世界中のリソースを識別する方法はURI（Uniform Resource Identifier）と呼ばれています。

イントラネット

　インターネットがLANの集合体であるといっても、中には外部との通信をルーター部分で制限していたり、あるいは外部と完全に切り離されたLANも数多く存在します。セキュリティーを重視する（情報漏えいや侵入を嫌う）企業などの組織内ネットワークに多く見られます。そのようなLANであっても、各種のプロトコルや、ウェブやメールなどにインターネットと同じプロトコルによるものを使う方が何かと便利です。このような形態のネットワークのことをインターネットに対し、イントラネットと呼びます。またこのような場合、IPアドレスはプライベートアドレスという一意でない（あちこちで使い回しのできる）ものを使います。プライベートアドレスが使われたLANからインターネットへの接続を行う場合は、出入り口にあたるグローバルアドレスを持つルーターの部分で、動的にアドレスのつけ替えが行われるようになっています。

VPN

　遠隔地にあるLAN同士を専用回線を使わずにインターネットを介して接続し、あたかもそれが専用回線でつながったWANのように利用できる技術もあります。拠点間接続VPN（Virtual Private Network）というものです。専用のルーターを使ってインターネットに接続し、インターネットの区間はデータが暗号化されることによってセキュリティーを確保するしくみになっています。VPNにはリモート接続VPNという機能もあり、これはたとえば営業部門の社員が、出先から会社の社内ネットワークに安全に接続してファイルをやり取りするような場合に使われています。

公衆無線LAN

　無線LAN機器が普及するにつれて、会社や家の外でもそれを使い

第6章　ネットワークとは　095

たいというニーズが生まれました。それに対応したものとして、駅や電車内、各種公共施設、ファストフードなどの店舗内にWi-Fiによる接続サービスが現れました。利用できる場所はアクセススポットやホットスポットなどと呼ばれます。無料で使えるものから、会員制のもの、有料で接続業者との契約を必要とするものなど、いろいろな利用形態があります。

　国内外で公衆無線LANを利用する場合、その安全性についての配慮が必要です。無料有料にかかわらず、暗号化に対応していなかったり、対応していても古い暗号化方法だったりと、さまざまなセキュリティー上の心配があるからです。基本的に公衆無線LANを使ってインターネットに接続する場合は、ウェブの閲覧ぐらいにとどめておくのが無難といえるでしょう。もしどうしても個人情報を入力しなければいけないことがあるのであれば、あらかじめ「VPNアプリ」をインストールしておき、そのVPNサービスを行っているサーバーまでの通信を確実に暗号化するなどの対策が望ましいといえます。

モバイルデータ通信

　スマートフォンのユーザーはとっくにご存知のことと思いますが、スマートフォンにはふたつの通信手段があります。ひとつはWi-Fiつまり無線LANですが、もうひとつは携帯電話から発達したモバイルデータ通信で、3GやLTEという名で呼ばれているサービスです。ちなみに3Gというのは「第3世代移動通信システム」のことを指し、LTEというのは「Long Term Evolution」の略で、第3世代移動通信システム（3G）と第4世代移動通信システム（4G）との間の過渡的な技術を指すのだそうで、かなりややこしい話になっています。では、いったいなぜスマートフォンはわざわざこのふたつの通信方式の両方を備えているのでしょうか。それはこのふたつの通信方式の「いいとこ取り」を狙っているためと考えられます。

携帯電話から発達した移動体通信システムは、強力な出力の基地局と高所に設置するアンテナが必要で、最新のシステムを全国津々浦々で使えるようにするには大変な時間とコストがかかります。一方のWi-Fiは既存の有線によるインターネットに無線LANの簡易な基地局（要は親機です）を設置するだけで使えてしまう、かなり低コストの方式であるといえます。サービスを提供する立場からいうと、屋外では移動体通信システムを使ってもらっても、家やオフィスではそこにあるWi-Fiにつないでもらうことにより、通信量が高コストの移動体システムに集中することを避けることができるというメリットがあります。ユーザーの立場からいうと、通信量（いわゆるパケット代という名で料金化されています）に制限のある移動体通信システムの利用をなるべく節約し、Wi-Fi（無料または定額）がつながる場所ではそちらを使おう、という選択がおきているわけです。

4　クライアントサーバーシステム

　ネットワークに接続されたコンピューターは、すべてパソコンであるとは限りません。中には大きな箱に入って専用の部屋に置かれ、365日24時間、休むことなく何らかのサービスを提供する仕事に徹するコンピューターがあります。これをサーバーと呼びます。一方、サーバーからサービスを受けとる側のコンピューターはクライアントといいます。もちろんすべてのサーバーが物理的に大型の専用コンピューターであるというわけでもなく、パソコンをサーバーとして仕立てた小規模のものもありますし、普通のパソコンが片手間にサーバー機能を提供しているという場合もあります。

　サーバーにはLANで使われるものと、インターネットで使われるものがあります。LANで使われるものは記憶装置を共有するファイルサーバー、プリンターを共有するプリントサーバーなどが一般的です。

第6章　ネットワークとは　097

何もかもすべてをクラウド上に置いておくのは考えもの

インターネットで使われるものには、メールサーバー、ウェブサーバー、それからドメイン名とIPアドレスを変換するDNSサーバーなどがあります。

クラウドコンピューティング

　たとえば古典的なメールサーバーの使い方では、ユーザーがメールを受信したあと、そのメールのデータをサーバーには残しません。しかしウェブメールでは、メールを読んでもそのメールはサーバー上に残しておくことが普通です。もちろんサーバーに置いておけるデータ量には制限があるので、どちらの方法でもいずれは消さないといけなくなります。しかし、もっとも使われているウェブメールのサービスであるGmailなどは、ひとりあたりとても多くの容量を割り当ててくれているので、サーバーがデータでいっぱいになってしまうことなど考えずに使い続けている人がほとんどでしょう。

　このようにサーバーの側にデータを置いておくと、家と会社など、複数の場所から同じデータにアクセスすることができるようになります。これをメールに限らず一般化したのが、クラウドコンピューティ

ングというコンピューターの使い方です。従来は個々のコンピューター上に置かれていたあらゆるデータ、さらにはアプリケーションまで、すべてネット上に置いておき、どこからでも利用できるようにするのです。クラウド（雲）というネーミングは言い得て妙です。サーバーは普通、物理的にどこにあるのかわかりませんし、実際、国外にあることも多いです。ネットワークを通じてでもファイルの読み書きが問題なく行えるのであれば、世界中のどこにあってもかまいません。まさに雲の中の存在というわけです。

　クラウドコンピューティングはとても便利なものですが、心配な点もいくつかあります。すべてのデータがクラウド上にあるとして、何らかの原因でサーバーが停止してしまったり、途中のネットワークが不通になってしまったらどうなるでしょうか。あるいはサーバーでなぜか適切な管理が行われなくなり、プライベートな情報が流失してしまう可能性だってゼロではありません。便利で快適な状態に安住することなく、手元に必ずデータの控えを残すことや、流出しては絶対に困るデータはクラウドに置かないなど、常にリスクを考えた使い方をするべきです。

第6章　ネットワークとは　099

第 7 章　電子メールを使う

1　電子メールのしくみ

　SNSのメッセージ機能が発達した現代の情報環境においては、気軽なコミュニケーションの手段として「電子メール」を使う機会はひところより少なくなったような印象があります。今では電子メールは、どちらかというとフォーマルな伝達手段として使われるようになり、紙による手紙に代わるものとして社会に定着しました。SNSのメッセージ機能が各社のサービスの中に独自の仕様で組み込まれた汎用性に欠くものであるのに対し、電子メールは公開されたプロトコルによって、どこかの組織が独占することなく広くオープンな運用がなされている点が、公的な伝達手段の確保という観点からも重要です。そういった背景からも、やはり電子メールのしくみと利用方法はしっかり押さえておく必要があるでしょう。

送信サーバー＝街角の郵便ポスト

　電子メール（以下、メール）は、メールというくらいですから郵便物になぞらえて理解することができます。パソコンから送信されたメールは、パソコン側で指定したメールサーバーに送られます。これは郵便物を街角にあるポストに投函したものと考えればよいでしょう。つまりメールは直接相手に届けられるのではなく、一度別のコンピューターが受け取るわけです。これによって時間差のあるメッセージの伝達が可能になり、電話とは違う便利さが買われて普及したのですね。

　ところで以前はどのメールサーバーでもユーザーを問わずにメールを受け取ってくれたものでしたが、迷惑メールの大量送信などに悪用されるようになったため、現在ではメールサーバーに登録されたユーザーのメールのみを受け取る設定による運用がなされています。迷惑メールは第9章で取り上げます。

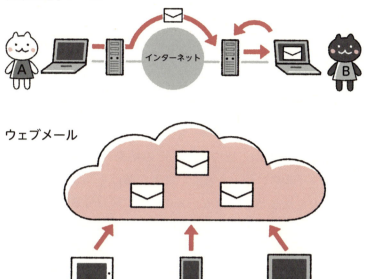

電子メールでは、Aは接続業者のメールサーバーを介してBに送り、Bはメールサーバーにアクセスしてメールを受け取りに行く。Gmailなどのウェブメールは、ウェブを介してサーバー上のメールを直接読み書きする。

受信サーバー＝私書箱

　ではメールの受信の方はどういうしくみなのでしょう。郵便物は配達をしてくれますが、メールの場合はメールサーバーにこちらから取りに行く必要があります。私書箱を利用している人は少ないと思いますが、郵便局内に自分専用のポストがあって、留め置かれた郵便物をこちらから受け取りに行く制度です。メールの受信はこれになぞらえることができます。なぜ配達でなくて私書箱なのか。メールの受信は必ずしも固定した場所から行われるわけではありません。自宅と会社のように複数の別の場所で、別のパソコンで受け取るということもあります。このような場合には配達型より私書箱型の方が便利ということになります。

第7章　電子メールを使う　103

ウェブメール

　どこでも出せてどこでも受け取れる、という点にメールの便利さを見いだすのであれば、ウェブメールという形式が有利になります。ウェブメールは第6章でもふれましたがウェブサイト上に自分の場所を借り、そこでメールを出したり受け取ったりすることができるサービスです。ウェブメールの利点は自分のパソコンが不要であること、あるいは自分のパソコンであってもメールソフトをインストールしたり設定したりするのが不要なこと、その結果メールに付着したコンピューターウイルスに煩わされないことが挙げられます。

　しかしその裏返しとして、ネットワークに接続できなくなると今までに送受信したメールも読めなくなる、ということは覚えておく必要があるでしょう。またサービスによって保存できるメールの量に違いがあります。

2　電子メールの設定

メールアドレスとドメイン

　メールをやり取りするには、メールアドレスが必要です。会社や学校でもらったり、自宅でのインターネット接続に際してプロバイダーからもらったり、携帯電話のものなど、今ではひとりで複数のアドレスを持って用途によって使い分けることも普通に行われるようになりました。

　メールアドレスは、ウェブサイトのURLに似ていますが、形式がちょっと違います。メールアドレスはsales@musabi.co.jpのような「@」（アットマーク）の前と後ろに英数字が並んだものになっています。@より前の部分はユーザー名、@より後ろの部分は、ドメインです。ドメインはURLの説明で出てきましたね。ドメインはドットで区切られたふたつ以上の部分によって成り立っています。

一番右の部分はトップレベルドメイン（Top-Level Domain：TLD）といいます。.jp（日本）、.de（ドイツ）、.hk（香港）、.eu（欧州連合）のように、国や地域を表す2文字のもの（country-code Top-Level Domain：ccTLD）と、.com（商業組織）、.org（非営利組織）、.net（ネットワーク接続組織）、.info（情報サービス）などのように組織の種別を表す3文字以上のもの（generic Top-Level Domain：gTLD）があります。

　gTLDのうち.com、.org、.net、.infoというドメインは事実上、どこの国のどんな組織でも、個人であっても取得することができ、それぞれ必ずしも本来の意味を表していない状態になっています。しかしgTLDでも.edu（アメリカの教育機関）、.gov（アメリカの政府機関）、.mil（アメリカ軍）のように今でも厳格に本来の意味で割り当てられているものもあります。アメリカの多くのドメインがアメリカの国別ドメインの形式（.us）になっていないのは、インターネットがアメリカで生まれ育ったという経緯によるものでしょう。世界で初めて切手を発行したイギリスの切手には、今でも国名が表示されていませんが、それと似ています。gTLDにはさらに国際機関に割り当てられる.intというドメインもあります。また.aero（航空会社・空港）、.museum（博物館・美術館）などのようなトップレベルドメイン（sponsored Top-Level Domain：sTLD）も作られました。TLDの種類はその後も増え続けています。

　国別の2文字のドメインでは、トップレベルの左側、すなわちセカンドレベルドメインは組織の種別を表します。.jp（日本）であれば、.co.jp（会社組織）、.or.jp（法人組織）、.ac.jp（大学などの教育機関）、.ed.jp（高校までの教育機関）、.ne.jp（ネットワークサービス）などがあります。さらにその左側の部分では、それぞれの組織の名称などが表されています。組織が大きい場合など、サブドメインといってその左にもうひとつ以上の部分がつくことがあります。

　また.jpドメインでは、セカンドレベルドメインがいきなり組織の

名称になっているものがあります。これは汎用JPドメインといって、.comのように誰でも取得できるドメインを後から追加したものです。日本のドメインには、このほかにも都道府県と市町村の地名を用いた地域型ドメイン、アルファベットではなく漢字やかながそのまま入力できる日本語ドメインがあります。

メールソフトの設定

　メールソフトには、あらかじめ使用するメールサーバーの情報を設定しておく必要があります。メールアドレスをもらう時に指定される受信サーバー、送信サーバーのホスト名を間違いなく入力してください。このふたつは同じサーバーが兼ねる場合もあります。一般にサーバーを利用できる権限のことをアカウントと呼びますが、複数のメールアドレスを持っている場合、メールソフトによっては同じソフトを切り替えて使うことができます。アカウントごとにメールアドレス、サーバーの情報を設定して切り替えるわけです。サーバー上にメールを残すかどうかの設定も重要です。普通は受信と同時にサーバー上のものは消す設定にしますが、複数のパソコンから受信する場合などは残しておくこともあります。しかしメールはどんどんたまってサーバーのディスクスペースを圧迫しますので、定期的に消す必要があります。割り当てられたディスクスペースがいっぱいになってしまうと、新しいメールが受け取れなくなるからです。

主受取人 (To)

　メールの構造を見てみましょう。メールはヘッダーと本文のふたつの部分から成り立っています。ヘッダーにはメールソフトやサーバーが参照するさまざまなデータが入っていますが、人間でも読めるようなテキスト情報になっています。しかし多くは読んでもわからない文字列が長々と続きますので、メールソフトはその一部だけを見せてく

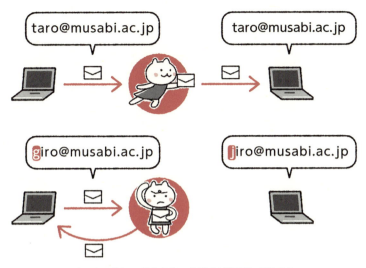

メールアドレスは1文字でも違えば相手に届かない

れるようになっているのが普通です。その中で「To:」という行は主受取人のアドレスです。いうまでもありませんが、入力する時に全角アルファベットを使ってはいけません。特に＠はフォントによっては全角か半角英数字か、見ただけでは区別しにくいので注意してください。

件名（Subject）

　メールの表題、つまりこのメールは何の件について書かれたものなのかを示す行です。紙の手紙では件名をわざわざ封筒に書いたりすることはありませんが、メールでは重要な情報ですから必ず書きましょう。実のところ、件名は書かなくとも送信はできてしまいます。しかし数多くのメールを受け取る人は、この項目を見て処理の優先順位を決めることが多く、件名のないメールは読むのを後回しにされたり、場合によっては不審なメールとして読まずに削除されることすらあります。

第7章　電子メールを使う　　107

もらったメールに返信する形でメールを書こうとすると、元の件名の頭に「Re:」などとついたものが自動的に件名として現れます。これはリプライ（返事）の略で、メールソフトが勝手に件名を設定してくれたものです。特に意図がない限りはそれをそのまま件名として返事を書いてかまいません。

副受取人（Cc）

　何人かにまとめて送る場合の宛先は、Toの行にカンマ（,）で区切って並べて書いてかまいません。それぞれに同じメールが送られます。主受取人のほかに、これはこの人にもちょっと知っておいてほしい情報だから知らせておきたい、というようなことがあります。このような場合に使われるのがカーボンコピーです。「Cc:」という行に書かれます。ToとCcの違いですが、Ccの宛先の人は副受取人なので返事を期待していない、というニュアンスがあると覚えておけばよいでしょう。

　Ccとして書かれた宛先は、Toの宛先の人にも伝わります。つまりこのメールのコピーが第三者にも送られていることが相手に知られることになります。これが困る場合は、「Bcc:」という行に書きます。Bccの宛先はヘッダーに残らないため、Toの宛先の人にほかにも受取人があることが伝わりません。Bccの宛先の人には、事前にコピーが届くことを知らせていないと、自分宛でないメールが来たと見なされ、迷惑メールに自動分類されることもあるので注意しましょう。

差出人（From）

　差出人を表示するのは「From:」とある行です。メールソフトの設定にあらかじめ入力しておきます。メールアドレスは、アドレスそのもののほかに、名前などを付加して一緒に扱うことができます。「武蔵野美術大学出版局 <press@musabi.ac.jp>」のようにアドレス部分を < >

で囲む方法が一般的です。

返事をもらいたいアドレスが違う時（Reply-To）

　通常はFromにあるアドレス宛てに返事がきますが、別のアドレス
で受け取りたい場合があります。そのような場合に設定する受け取り
アドレスを書くのが「Reply-To:」行です。

転送の設定

　複数のメールアドレスを持っている場合、1か所でまとめて受け取
りたいことがあります。この場合はメールサーバーの側で転送の設定
を行うことができます。どちらに転送してもかまいませんが、双方の
サーバーでお互いに転送する設定にしてはいけません。無限ループと
いう合わせ鏡のような状態になってしまい、同じメールが大量に反復
転送されメールサーバーが正常に動作しなくなります。自分のメール
が受け取れなくなるばかりではなく、同じメールサーバーを使うユー
ザーや、処置をしなければいけないサーバーの管理者に迷惑がかかり
ます。

3　受信と返信

　メールソフトの設定が終わったら、受信をしてみましょう。この時
にネットワーク接続の設定が正しくないと、エラーメッセージが出ま
す。メールソフトがメールサーバーと通信することができないためで
す。またユーザー名やパスワード、認証の方式などが間違っている場
合も、エラーメッセージが知らせてくれます。エラーメッセージの内
容を参照して、設定を直します。正しく受信が行われると、メールは
受信箱、受信トレイというような場所（メールソフトによって呼び方
が違います）に入ります。

第7章　電子メールを使う　109

返信時の注意点

　受信したメールに返信をするものとします。メールを開封して返信のためのボタンを押すと、受信したメール本文の各行の頭に「>」のような記号が付加されたものが現れます。メールソフトによっては記号ではなく、線や文字の色が変わったりします。これはメールの引用機能で、受信したメールの内容について、話題ごとに返事を書くことができるようにするためのものです。

　特にビジネスメールでは、もらったメールを丸ごと引用して、その前の部分に紙の手紙のような返事を書くことが習慣のようになっていますが、あらゆるメールで必ずしもそうしなければいけないという理由はありません。何度もやり取りを繰り返すうちに、そのすべてのやり取りが引用されているメールが何度も行き来するのは、結果として無駄なデータ通信を行っているといえます。不要な引用は消してかまわないし、丸ごと引用する場合でも直前のメールのみにすべきでしょう。メールのやり取りの履歴をたどるのはメールソフト側の機能であるべきです。返事を必要とする部分だけを残し、それぞれの話題ごとにQ&Aのような引用と返事を並べて書いていくのが本来のメールらしいスタイルといえるでしょう。

　携帯のメールと違って、パソコンのメールはこまめに自分で改行を入れていきます。メールソフトの折り返し（ラップ）に任せて打って、そのまま送信することもできますが、送信時、あるいは相手の受信後、どこかで強制的に改行されて、改行位置が変わってしまいます。複数回の強制改行が行われたり、さらに引用機能などと絡むと、とても読みにくい文面になってしまいます。これはユーザーそれぞれがさまざまな大きさのウインドウ、さまざまな文字設定でメールを読んでいる、パソコンのメールならではの習慣です。

　本文の最後には署名を入れましょう。肩書きや組織など何行にもわたる凝った署名の入ったメールをよく見かけますが、これはシグネ

チャーというメールソフトの機能を使っているものです。事前に用意した署名を自動的に末尾につけてくれるものですが、ビジネスメールであれば必要に応じて設定しておきます。簡潔なものが好まれます。

1対1のメールであれば、作った返信メールには自動的に相手のアドレスがToに入っているはずですから、確認したらそのまま送信してしまってかまいません。

もとのメールのToが複数だったりCcがついていたりする場合はちょっと注意が必要です。この場合の扱いはメールソフトによって違うようです。返信ボタンを押しただけでもとのメールにあったすべてのアドレスが宛先に現れるようなものと、元メールのFromのアドレスだけが宛先に現れるものがあるようです。後者の場合は、もし全員に返信したければそれを意識して、全員に返信というようなボタンやメニューを選ぶことになります。原則として、もとのメールでCcだった人には返信でもCcで返すのが意味的にもよいと考えられますが、話題が進展してCcだった人からも返事がほしくなることもあるので、このへんは臨機応変に対応してかまいません。

メールやアドレスの整理

受信したメールはずっと受信箱に入れっぱなしにしないで、整理することをおすすめします。メインの受信箱の他に、メールボックスという整理用の場所をいくつも作ることができます。メールの種類ごとに分類して保存をしておくとあとで便利です。またメールソフトによっては、あらかじめ設定した条件で分類を自動的に行ってくれるものがあります。

さらに不要な情報が一方的に送られてくる迷惑メールを自動的に分類してくれるフィルター機能は、メールを頻繁に使うユーザーにとっては今や必須の機能となっています。しかし重要なメールでも何かのはずみで迷惑メールと認識されてしまい、発見が遅れてしまうこと

第7章 電子メールを使う 111

があります（中にはそれを返信が遅れた理由として言い訳する人も）。このフィルターは全面的に信用せず、常にフィルタリングの結果に気をつけておく必要がありそうです。

　メールを使い続けると、メールアドレスが集まってきます。いつも返信だけしているのであれば不要ですが、こちらから新規でメールを出す時にいちいち過去のメールを開けたり名刺を取り出したりするのは不便です。たいていのメールソフトには、アドレス管理機能があります。手帳の住所録のようにメールアドレスを整理しておきましょう。

4　電子メールの拡張

HTMLメール

　普通のメールは、文字の大きさや書体、色といったものは受け取る側のメールソフトの設定によって変わります。送信する側がゴシック体のグレーの文字で打ったメールでも、受け取る側は明朝体の黒い文字で読んでいるかもしれないわけです。また一部を太く強調したりするようなこともできません。しかしウェブページを記述するための言語であるHTML（後述、第8章）を使うと、ウェブページのようなグラフィック表現に富んだメールを作ることができます。これをHTMLメールと呼びます。いろいろな企業から宣伝のために送られてくるいわゆるダイレクトメールは、ほとんどがHTMLメールになっています。メールソフトが進化したおかげで、個人間のメールのやり取りでもそれとは意識せずにHTMLメールを使うことが増えてきました。

　HTMLメールは、相手の使っているメールソフトによっては表示できないことがあります。届いたHTMLメールに対してHTMLメールで返信するのは問題ありませんが、初めてメールを出す相手には、相手がどんな環境でメールを読んでいるのかわからないわけですから、

112

まずHTMLでない普通のテキストメールを送るのが原則であると考えられます。その後、必要があればHTMLメールに移行するのもよいでしょう。現代のメールソフトでははじめからHTMLメールを送信してしまう設定になっていることもありますが、個人間の通常のやり取りの場合は、普通のテキストメールが作成されるように設定し直すことをおすすめします。

添付のしくみ

　メールに写真などを添付して送ることはしばしば行われることです。メールは基本的にテキストデータしか扱うことができないしくみになっているのですが、MIME（Multipurpose Internet Mail Extensions）と呼ばれる規格によってバイナリーデータである画像などのファイルをテキストデータに変換し、メール本文に組み込んで扱えるように拡張されています。画像ファイルを添付すると、メールソフトはその画像をテキストに変換します。このテキストは人間が見ても全く読めない文字の羅列ですが、それが人間の読むテキストの本文と組み合わされて、1通のメールになります。受信した側ではその逆にデータから画像を復元して表示したり、ファイルとして別ファイルに保存できるようにします。

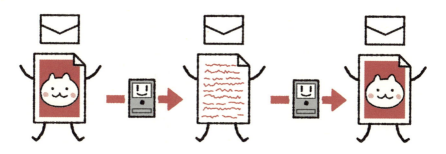

添付画像はMIMEでテキスト化され送信、受信したテキストは画像に復元して表示される

第7章　電子メールを使う　113

ところで添付ファイルのファイル名が半角英数字でないと、OSの違うユーザー間でファイル名の文字化けが起きることがあります。いずれ解決されなければいけない問題ですが、念のため添付ファイルの名前は半角英数字にしておいたほうがよいでしょう。

圧縮のしくみ

　メールソフト上で直接見ることのできる種類の画像ファイルはそのまま添付することも多いのですが、それ以外のバイナリーファイルは「圧縮」をしてから添付するのが一般的です。圧縮というのはファイルの大きさを減らす処理で、何種類かの方法がありますが、どれもデータ中の繰り返し部分を何らかの形で置き換えることによって、データを詰め込むという考え方に基づいています。

　たとえば 3+3+3+3+3+3+3 という計算は、3×7 と書けば同じ意味のまま表記に必要な文字の数を少なくすることができますね。おおざっぱな原理としてはそんな感じですが、むしろ「ふとん圧縮袋」をイメージしてもらう方がピンとくるかもしれません。そして圧縮されたものを元に戻す処理は一般に伸張と呼ばれるはずですが、ファイルの場合はなぜか「解凍」や「展開」と呼ばれています。Windows でも Macintosh でも、現在よく使われるのは ZIP 形式（.zip）です。圧縮・解凍をするにはユーティリティーソフトの一種である圧縮ソフト（アーカイバー）を使います。アーカイバーというのは本来は複数のファイルをまとめてひとつのファイル（アーカイブ：書庫）にして保管するためのソフトですが、その際にファイルの圧縮をともなうことが多いため、圧縮ソフト一般のことを指すようになりました。圧縮ソフトは OS に付属したものが使えますし、今や圧縮は OS の機能の一部のように組み込まれています。

添付ファイルの大きさ問題

　添付ファイルを送る場合に気をつけなければいけないのは、添付するファイルの大きさです。理屈ではどんな大きさのファイルでも添付することは可能ですが、いくつかの制約によって添付ファイルの大きさには限度があります。まずメールサーバーではメール1通あたりのデータ量を制限していることがあり、これを超えるメールは送信サーバーでの受け取りの段階で拒否されます。またメールサーバーまでのどこかのネットワークの転送スピードが遅い場合、大きなファイルの転送には時間がかかり、転送の途中に時間切れなどで接続が切れてしまうことがあります。また受け取り側のメールサーバーにも1通あたりの制限があったり、相手のメールボックスが容量いっぱいに近いような場合も、メールを受けることができなくなります。

　では具体的に、どのぐらいの大きさのファイルなら添付してよいのかという問題は、かなりケースバイケースではっきりした数値を出すことはむずかしいのです。大まかな数値ですが、だいたい2 〜 3MB以上のファイルを初めて送る場合には、念のため相手に確認をしてからの方がよいでしょう。もちろんこれより小さい場合であっても、相手が電話回線にモデムというような遅いスピードで、海外の旅先からネットワークに接続している可能性だってないわけではありませんので、やはり事前に確認をするに越したことはありません。もっとも最近では無料で使えるファイルの一時預かり・転送サービスがあるので、大きなファイルは直接メール添付で送らない習慣になってきました。

　旅先といえば、いつもと違う接続先からいつもの設定のままメールサーバーにメールを送る場合、そのままではいつもの送信用メールサーバーが使えないことがあります。出かける前にプロバイダーのサポートページを読んで、必要な設定をしておきましょう。もっともこの設定は近ごろのセキュリティー強化で面倒になってきているので、旅行中にはウェブメールを使う方が現実的になっています。

第7章　電子メールを使う　115

5　電子メールの文字・コード

　メールにおいても機種依存文字の問題は起こります。特にメールの場合は第5章で触れたケースの他に、携帯電話メールの絵文字の問題が加わります。携帯電話の中には1文字のスペース内に顔やお天気マークなどを表した各種の絵文字を送れるものがありますが、これは原則的に同じ携帯電話サービス会社間でしか使えないものでした。しかしその後、このような豊かな感情表現のできる絵文字の効用が日本以外でも受け入れられるようになり、UnicodeにEmojiとして収容されてからは、メールに限らず文字によるコミュニケーションの添加物として世界中で使われるようになっています。

　またメール特有の問題としてしばしば言及されるのが半角カナの問題でしょう。半角カナはコンピューターでまだ日本語がフルに使えなかった古い時代からある、1バイトコードによるカタカナだけの文字です。その後1文字を2バイトで表すことにより漢字とひらがな、カタカナが使えるようになった時点で不要になったはずですが、ShiftJISコードの中に互換のために残されました。しかし原則としてJISコードでやり取りすることになっているメールにおいては、使うことができなかったのです。しかし特にWindowsではMS-DOSの時代に多用されたためか使うユーザーが多く、メールソフトが独自の方法で使えるようにしていたのですが、相手が同じメールソフトを使っているとは限らないので、文字化けを起こす可能性がありました。汎用性のある方法（MIME）で変換して送る方法もなかったわけではないのですが、わざわざ余計な変換をしてまで使う意味は乏しいといえるでしょう。

　実はその後、半角カナはUnicodeに収容されました。また電子メールのコードもJISだけでなくUTF-8が使われるようになったおかげで、

今ではメールで半角カナが使えるようになっています。しかしこれは半角カナの積極的な使用が認められたというわけではないと考えられます。一般論として、あるひとつの文字を表すのに、コードとして複数の表現があることは好ましくありません。それを処理するプログラムが複雑になり、さまざまな無駄や誤作動が生じるからです。半角カナがUnicodeにあるのは、あくまで過去に作られたデータとの互換のためと考えるべきでしょう。

6 メーリングリスト

Bccで複数の宛先に送信

　複数の相手に同じメールを送る必要があるとします。相手もみな互いに知り合いであればToにメールアドレスを並べればよいのですが、それができないこともあります。そのような場合、本来の使い方ではありませんが、Bccにメールアドレスを並べると、全員にお互いのアドレスを漏らすことなく、同じ内容のメールを送ることができます。この方法を使う時には、Toには送信元である自分のメールアドレスを入れておき、念のためReply-Toもつけてそこにも自分のアドレスを書いておくとよいでしょう。また本文中のどこかに、このメールはBccを使った一斉送信である旨の表示をしておくと親切です。しかし、この方法はあくまで少人数に向けた一時的なものと考えてください。受取人が多くなったり、定期的に送らなければいけない場合は別の方法を使います。

メーリングリスト

　何人もの人に同じメールを常に送る場合や、何人かの間でメールによる話し合いをするような場合、メーリングリストを使います。メーリングリストは、あらかじめメールサーバー上に宛先アドレスのリス

第7章　電子メールを使う　117

トを用意しておき、そのリストに対して専用のメールアドレスを割り当てます。メールサーバーはメーリングリスト宛てのメールが来ると、リストを参照して全員にそれぞれメールをコピーして送ります。メーリングリストは接続プロバイダーの通常のサービスには含まれていませんが、レンタルサーバーを借りると使えるようになることがあります。配信されるメールに広告が入ったりしますが、無料のサービスもあります。

　メーリングリストにはさまざまな管理のスタイルがあります。非公開でクローズドな性質のものは、開設者が参加者を管理しているものです。多くの場合は参加者以外の投稿ができない、プライベートなものとなっています。逆に公開でオープンなものもあります。参加受付が自動化されていて、誰でも参加できるようなメーリングリストです。メーリングリストの中でも、モデレーターという名の内容管理者が事前に投稿をチェックするスタイルのものがあります。あるいは参加者のほとんどが単なる読者で、特定の管理者だけが投稿する形式のものもあります。この種のメーリングリストは、メールマガジンという名で呼ばれています。編集された記事が定期的に送られてくるようなもので、数多くのメールマガジンが存在します。またお店の宣伝のためのダイレクトメールも、メールマガジン形式のものが主流です。

第 8 章　ウェブ (World Wide Web) を使う

1 ウェブのしくみ

　ウェブは、正式にはWorld Wide Webという名前のインターネット上のサービスのひとつです。1990年にスイスの大きな物理学研究所で生まれました。CERN（ヨーロッパ素粒子物理学研究機構）という名のその研究所では、加速器という巨大な実験施設を使うために、世界各地から研究者が出たり入ったりしています。ティム・バーナーズ＝リーによって研究所内の膨大な情報の共有を目的として書かれたサーバーのプログラムが、数年の間に世界中に広まり、それまで研究目的のためのものだったインターネットが、一般の人たちが使える汎用性のあるメディアに変化していくきっかけとなりました。

　ウェブを紙のメディアに見立てて扱う時、ウェブページという呼び方をします。またウェブを仮想的な場所に見立てる時は、ウェブサイトという呼び方をします。これはウェブの両面性（シミュレーションとしての物質性と非物質性）を表していると同時に、紙ベースの情報流通の規模が大きくなれば、巨大な空間として地理的な把握が必要になることを直感的に示しているようです。

ウェブサーバー

　ウェブのデータを収めたサーバーのことをウェブサーバー、あるいはHTTPサーバーと呼びます。ネットワーク接続されたパソコンのブラウザーからのリクエストに応じて、ウェブサーバーはHTMLという形式で書かれたテキストデータをブラウザーに送り返します。ブラウザーはそれを解釈してブラウザーの画面に表示をします。そこに画像が貼り付けられている指定があれば、ふたたびサーバーにリクエストを送って、画像ファイルを取り寄せ併せて表示をするわけです。今見ているウェブサイトのサーバーの物理的な実体が、現実の地球上

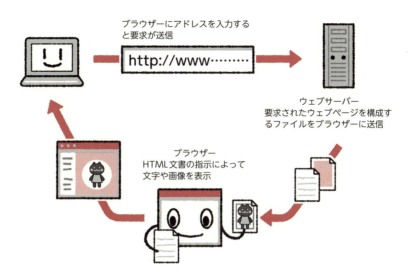

瞬時にリクエストに応えて表示してくれるウェブのしくみってすごい！

のどの場所にあるのか簡単に特定することはできません。とにもかくにも何千キロ、何万キロといった遠隔地に置かれたサーバーからデータが一瞬のうちに送られてきて目の前に表示される、という事実にわたしたちは慣れっこになっていますが、よく考えてみるとすごいことです。このようにそのつど個別のリクエストに応じてデータが送られてくるという点が、従来のテレビやラジオのように情報が一方的に放散される放送とは根本的に違う原理のメディアであることを物語っています。

ハイパーテキスト

　ウェブのアドレスであるURLについて第6章でふれた際に、URLの先頭にあるhttpという文字がHyperText Transfer Protocol、ハイパーテキスト転送プロトコルという意味であることを知りました。つまり、このデータはハイパーテキストなるものを転送する手順で扱ってくれ、ということを宣言しているわけです。どうやらこのハイパーテキスト

というのが、ウェブのしくみを理解するキーワードになっているようです。

　ハイパーテキストは、文字情報を取りまとめる際のまとめ方のひとつ、というようなものです。製本された小説のようにはじめから読み進んで最後に結末がある、というのが普通のテキストですが、ハイパーテキストはどこから読んでもかまわないのです。必要なところだけをあちこちと、自分の興味の連鎖に応じて読む、というような使い方のできる構造のテキストです。ハイパーテキストはテッド・ネルソンによって1965年に提唱されました。必ずしもコンピューター上の概念というわけではなく、紙の本であっても辞書や百科事典などの構造はハイパーテキストと見なせます。しかし情報の更新や追加などを考えれば電子データとなっている方が現実的ですし、さらにネットワークでつながっていれば、紙の本に比べてとてつもなく広い情報の空間を持つことになります。

　ウェブ上の情報を読んでいると順番にページを追って読み進めることもありますが、途中で脇道のように他のサイトへ飛んでしまうことがあります。また戻って読み進めることもあれば、そのまま他のサイトの方を読み進めることもあります。このようにハイパーテキストはあちこちにジャンプして読むのは全く普通のことですが、そのジャンプするしくみのことをリンクと呼んでいます。

2　ウェブブラウザー

　ウェブブラウザー（以下、ブラウザー）と呼ばれるソフトはウェブページを見るためのものです。Internet Explorer、Microsoft Edge、Mozilla Firefox、Google Chrome、Opera、Safariといったさまざまなブラウザーがありますが、どれも基本的な機能は同じです。今やネット接続の有無にかかわらず、パソコン上でさまざまな情報を閲覧する

ための基本的なツールとなっています。ブラウザーはテキストや画像の組み合わされたものから、音声やビデオ、アニメーションのような動画にいたるまで、今やあらゆる情報の閲覧センターのような役割を担っています。

　ティム・バーナーズ＝リーがCERNでウェブサーバーを開発した時、彼は同時にそれを閲覧するためのブラウザーも作りました。しかしそれは最低限の機能しか持たなかったため、画像とテキストが別のウインドウで表示されていました。その数年後、1993年にマーク・アンドリーセンらによって開発されたNCSA Mosaicというブラウザーは、画像とテキストの混在する画面を実現しました。しかもNCSA MosaicはMacintoshやWindowsで動くバージョンも作られたため、一般のコンピューターユーザーにもその存在を強くアピールすることになりました。これによってインターネット上で伝達される抽象的な情報というものが、より具体的な姿となって人々の前に現れたと考えることができます。ウェブブラウザーに近未来の情報伝達手段としての可能性を感じた一般のコンピューターユーザーが、商用利用のできるようになったインターネットに続々と接続するようになったのです。第6章で触れたように、もともとは防衛関連の技術としてスタートしたインターネットですが、この段階で誰もが使えるメディアへと大きく変貌をとげることになりました。

履歴とキャッシュ

　もっと閲覧がしやすくなるように、ブラウザーの機能を十分に使うことを目指しましょう。リンクをたどっていると、結果的にさまざまなサイトを訪れることになります。しばらく後になってあの情報はどこにあったかな、ということはしばしば経験することです。そのような場合はブラウザーの履歴（ヒストリー）を見てみましょう。自分の今までたどったサイトのタイトルとURLが自動的に記録されていて、

第8章　ウェブ（World Wide Web）を使う　　123

そのサイトに戻ることができるようになっています。履歴として記録する件数はブラウザーの設定で変えることができたり、あるいは今までの履歴を消去することができるようになっています。ところで履歴の情報は図書館の貸出し履歴のようにプライバシーとなり得るものですから、扱いには気をつけるべきでしょう。

　時間を置かずに同じサイトを訪ねるような場合、そのつど同じデータを送るのは無駄です。このためブラウザーにはキャッシュという仕掛けがあって、一度受け取ったデータのコピーをしばらくの間保存しておいて、実際の表示はそのキャッシュデータを使うようになっています。キャッシュについてもブラウザーの設定で保持するデータ量が変えられたり、いったんすべて消去することができるようになっています。また強制的に最新のデータを表示させるため、ブラウザーには必ず再読み込みのためのボタンが設けられています。

クッキー

　ウェブのしくみの根幹はとてもシンプルに作られています。とりわけ特徴的なのは、状態を保存しない、という性質です。ウェブサーバーの仕事はブラウザー側からのリクエストに応じて、その都度ファイルを送り返しているだけです。あるユーザーが前にそのサイトを訪問しているかどうか、などということは考慮していないのです。しかし訪ねるたびに自分の名前で呼びかけられたりするサイトがありますし、名前以外にも何か表示上の設定などを覚えておいてくれることもあります。

　これらの機能を実現しているのがクッキーで、サーバー側の求めに応じてブラウザー側（つまりみなさんのPCやスマートフォン上）に短いテキストデータを保存させるものです。ユーザーが次にそのサイトを訪れた時に、そのクッキーをサーバーに送ることによって、サーバー側がそういった機能を持たないにもかかわらず、ある状態が保存

されているように振る舞うことができるのです。ログアウトのボタンを押すまでずっとログインの状態を維持したり、買い物かごをクリアにするまで商品が入ったままになっているのは、これによって達成できます。

　クッキーは基本的に便利な機能ですが、サードパーティークッキーと呼ばれる、そのサーバー以外の第三者サーバーとのクッキーのやり取りが行われると、その性質が変わってきます。たとえば第三者のサーバーに置かれた小さな画像をこっそり貼り付けることにより、そのサーバーとの通信も同時に行わせ、その際にクッキーを使うことができます。なぜこのようなことが行われるようになったのでしょうか。簡単にいえば、ユーザーの閲覧先を追跡するためです。もし第三者のサーバーがすべて同じ会社のものであれば、蓄積された追跡データに基づいてそのユーザーが興味を持ちそうな広告だけを自動的に表示させることができるわけです。これを便利と考えるか気持ち悪いと感じるかは、人それぞれだと思います。もし不快であると感じるのであれば、ブラウザーの設定でクッキーをオフにしてしまうこともできますし、それだと通販サイトなどが一切利用できなくなるのは不便だ、というのであれば、サードパーティークッキーだけを拒否する設定にしておけばよいでしょう。

ブックマーク（お気に入り）

　履歴は自動的に作られるものですが、本にしおりを挟むようにユーザーが自分で特定のサイトのリストを持つことができます。このブックマーク機能は、ブラウザーによっては「お気に入り：Favorites」というメニューになっているものです。別に気に入らないサイトでもブックマークしておく場合があることから、このネーミングはおかしいという意見もあります。いずれにせよこのリストを日頃から整理しておくことがウェブから情報を引き出す上で有効な手だてとなります。ま

第8章　ウェブ（World Wide Web）を使う　125

た複数のコンピューターから同じブックマークが使えるように、ネット上に自分のブックマークを置くことができるサービスもあります。あるいはクラウドサービスの機能には、PC上のブラウザーとスマートフォン上のブラウザーのブックマークを同期（自動的に一致）させておく機能があったりします。

ホームページの本当の意味

　ブラウザーを立ち上げた時に最初に現れるページのことを、ホームページといいます。これがどういうわけかウェブというシステムそのものを指す用語として広まってしまい、定着しました。ホームページは、ブラウザーの環境設定で任意のページに変えることができますので、検索サイトやポータルサイトと呼ばれるサイトの中で、自分の使いやすいと思われるものを設定しておくとよいでしょう。

3　検索サイトを使う

　紙に印刷されたURLを見て、ブラウザーに間違いなく手で打ち込むのは実に面倒です。1文字間違っただけでも希望のサイトにたどり着くことができません。あるいはURLなど全くわからないけれど、会社や製品の名前は知っているという場合のように、断片的な情報を元にして特定のサイトにたどり着きたいことがあります。このような場合に威力を発揮しているのが検索サイトです。実は検索サイトには2種類のスタイルがあります。カテゴリーごとに整理されたリンクが並んでいるディレクトリー型と、キーワードを打ち込むテキストフィールド（画面中に凹みとして表現されている、テキストの打ち込めるボックス）だけがあるのは全文検索型と呼ばれます。

　1990年代後半、インターネットが一般に普及してすぐの頃はディレクトリー型検索サイトが多用されました。これはサイトを運営する個

人や企業などが掲載を依頼したり、検索サイトの側でカテゴリーに合うサイトを探したりと、人の手によって作られた「索引」のようなリンク集がその基本になっています。カテゴリーの分け方やサイトの選択がうまくいっている場合、効率のよいサイトのリンク集ができあがりますが、集められた情報が自動的に更新されないことから情報が陳腐化しやすいこと、掲載を有料化したりすることによって掲載サイトの選択基準があいまいになってしまったことなどから、今ではほとんど使われていません。なにしろウェブ全体のサイト数がとても増えた結果、1か所で何でも扱う巨大なディレクトリー型検索サイトの運営を人力で行うことは、全く現実的でなくなってしまったのです。

　一方の全文検索型検索サイトは、大規模なコンピューターにネット上のあらゆるサイトのデータをせっせとコピーして、そのデータの中からユーザーの打ち込んだキーワードの含まれているページを自動的に探し出すしくみになっています。このしくみのことを検索エンジンと呼んでいます。検索エンジンにデータをコピーする作業は人の手によるわけではありません。検索ロボット（クローラー）と呼ばれる自動巡回プログラムによって行われるのです。このためロボットの巡回頻度にもよりますが、常に新しい情報が得られることが全文検索型の特徴になっています。一方でキーワードの選択が適切でないと自分の希望するサイトの情報を引き出すことができなかったり、人の手を介さないことから意味上の誤解による検索結果になったり、的はずれな情報の山に振り回されることもあります。

　検索エンジンは検索結果を返す以外に、検索に用いられたキーワードに関連する広告を自動的に付加することができるように作られています。この検索連動型広告は広告の世界を大きく変え、検索サイトを運営する会社にも莫大な収益をもたらしました。それを開発資金として検索エンジンはさらに発展し、ユーザーも増えました。その結果、今ではネット上で検索といえば検索エンジンを用いた全文検索のこと

を指すようになっています。

ポータルサイト

　有名検索サイトは、検索以外にもさまざまなサービスを提供しています。ニュースや天気予報、鉄道の路線検索や運賃計算、地図などの情報提供をはじめとして、オンラインショッピングやオークションなどの売買の場や、画像や動画の共有、フリーメールやフリーのウェブサイト、ブログ、メーリングリストなどのコミュニケーションの場の提供などが挙げられます。最近では本来の検索機能は検索エンジンに任せて、むしろ付加的なこれらのサービスの方がメインのサービスのようにも見えてしまいます。このように変化した巨大サイトは、ポータルサイトと呼ばれます。ポータルとは入り口の意味で、ウェブを利用する際の出発点となるように企画されたものです。ポータルサイトはYahoo!やGoogleなどをはじめとする検索サイトが発展したもののほかに、ブラウザーを供給する会社、ネットワーク接続サービス会社やコミュニティーサービス会社が運営するものなどがあります。

キーワード検索の基本

　何かの問題解決を目指すような場合など、目的のはっきりした情報収集のために検索エンジンを使いこなすにはちょっとしたコツと経験が必要です。まず検索キーワードの選び方が重要なポイントになります。漠然としたキーワードを入れても検索結果が得られますが、膨大な数の検索結果の中から目指す情報のあるサイトへ、一発でたどり着くのは現実的ではありません。考えられる限りの具体的なキーワードを選びましょう。あまりに漠然としていてどういうキーワードを選んだらいいか見当がつかないと感じたら、単語ではなく短い文章で打ってみて、結果を見て追い込んでいくことも有効です。

　いくつかの注意点を挙げておきましょう。大文字、小文字の区別な

128

く検索できます。また表現のゆれに対応しているので「モニタ」でも「モニター」でも大丈夫です。複数のキーワードがある場合は優先度の高い順から入力し、意味やしくみを調べたい時は、対象となる言葉に続けて「とは」「について」と入力すると目的の情報にたどり着きやすくなります。「It」や「The」などは検索からはずれます。あえて検索の対象に含めるのなら、Theをつけたいキーワードの前に半角の「+」（プラス）をつけ加え「The+キーワード」と入力します。明らかなスペルミスに対しては正しいものを候補として挙げてくれるので、こちらが恐縮してしまいますが、余計なお世話と感じることもあります。英文ではスペースを挟むとそれぞれが単語として検索されてしまうので、一体化した語句として検索したい場合は全体をダブルクオート「"」で挟みます。

絞り込みのテクニック

検索キーワードを複数使う時のテクニックがあります。たとえば動物園でパンダが見たいのであれば、「動物園」と「パンダ」をスペース（意味的に正しいのは半角スペースですが、日本語キーワード同士の場合は全角スペースでも可になっています）を挟んで入力することになります。このようにスペースを挟んだ複数のキーワードによる検索は、それらのキーワードすべてを含んだページへのリンクが検索結果として表示されます。このような検索を一般にAND検索と呼びます。

時にはパンダでもコアラでもどっちでもいいから見たい、というような場合もないわけではありません。このように、どれかひとつのキーワードでも釣り上げたいという検索を一般にOR検索と呼びます。この場合は、「動物園」「パンダ」に続けて「OR」と「コアラ」を半角スペースを挟んで入力します。結果はパンダかコアラ、あるいは両方のキーワードが含まれた動物園に関係するページが結果として返ってくることになります。

第8章　ウェブ（World Wide Web）を使う　129

あるいは、パンダはパンダでもレッサーパンダの情報は見たくない、というような場合、除外するキーワードを指定することもできます。これをNOT検索といいます。検索サイトがGoogleの場合であれば、除外するキーワードの前に半角のマイナス記号「‐」をつけます。つまり「動物園」「パンダ」「‐レッサー」というキーワードを半角スペースで挟んで入力すればよいわけです。ただしこの方法だとジャイアントパンダとレッサーパンダの両方が載っているページも除外されることになりますけど。

　AND検索とかOR検索とか、やり方を忘れてしまっても、「検索オプション」「検索設定」という詳細な検索ボックスが用意されています。そこで指示にしたがってキーワードを入力すれば絞り込み条件の設定は簡単に行えるようになっています。使われている言語や、情報のアップロードされた期間などで絞り込む方法も用意されていますので、面倒がらずに試してみてください。一度、本当に自分のほしかった情報にたどり着いた経験を持った人には、キーワード検索は手放せない道具となることでしょう。

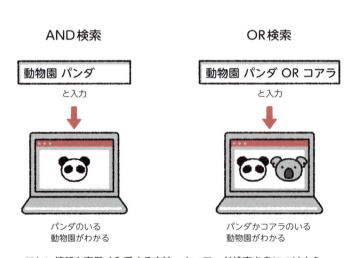

ほしい情報を素早く入手する方法、キーワード検索を身につけよう

4 HTML

　ではこのあたりで、簡単なウェブページを自分で作ってみることに
します。使うアプリケーションはテキストエディターと確認のための
ブラウザーだけです。とてもシンプルな、ほとんど骨だけのような
ページなので実用性はありませんが、何に限らず骨格を理解すること
には意味がありますし、手を動かすことによって理解が深まるのはコン
ピューターの世界でも同じです。この作業を実際にやってみること
で、ウェブページの成り立ちが納得できるはずです。ホームページ・
ビルダーやDreamweaverなどの専用のウェブページ制作ソフトを使
うのは、複雑なレイアウトの実用的なサイトが作りたくなってからで
も間に合います。もっとも現在では、オリジナリティーのある見栄え
が必要ないのであれば、既存のブログのサービスを利用した方がよい
ともいえます。一からすべてオリジナルで作るウェブページは制作や
管理にコストがかかるので、「一品作り」の高級品のような存在になっ
てきました。

　ウェブページに含まれるテキストと、それに関連する情報が記述さ
れているのがHTMLソースファイルです。単にHTMLファイルと
だけ呼ばれることもあります。HTMLというのはHyperText Markup
Languageの略で、httpの「ht」と同じ、例のハイパーテキストです。
Language＝言語とあるので、取っつきにくそうな印象を受けるかも
しれませんが、言語といってもむずかしいプログラミング言語ではあ
りません。タグと呼ばれるキーワードを使うことによって、テキスト
に対して何らかの属性や修飾を定義しているだけの、かなり簡単なも
のです。ちょっと慣れれば誰でも書くことができるようになるはずで
す。ここではすべてのタグについて説明をしませんので、この方面に
興味の湧いた人は「タグ事典」のような本が出ていますから、手元に

第8章　ウェブ（World Wide Web）を使う　131

置いておくとよいでしょう。

最低限のHTMLファイル

　まずソースファイルの全体の構造を見てみましょう。ソースファイルは最初に <html> というタグで始まり、</html> タグで終わります。タグはこのようにあるキーワードとそのキーワードの頭にスラッシュをつけた、1対のキーワードの組です（例外的に単独で使われるタグもいくつかあります）。基本的にこの組で指定する部分を挟むことにより、何らかの意味づけができるようになっています。タグは半角英数字で書く必要があります。大文字でも機能しますが、小文字で書くのが習慣になっています。

```
<html>
<head>
<title>サンプル</title>
</head>
<body>
簡単なソースファイルのサンプルです。
<br>
<img src="welcome.jpg" width="320" height="240">
<br>
<a href="http://www.musabi.ac.jp/">大学へ戻る</a>
</body>
</html>
```

　テキストエディターでこれだけ書いたら、index.htmlという名前で仮にデスクトップにでも保存してください。welcome.jpgという名で保存されたJPEG形式の画像ファイル（何でもいいですが、縦横比は3：4にしておいてください）も同じくデスクトップに用意するとします。このソースファイルindex.htmlをブラウザーで開くと、ブラウザーにはこの最低限のウェブページが表示されます。ソースファイル

に記述した内容とその解釈の結果を対照しながら、HTMLの基礎を把握することができます。

　まず全体の構造から。HTMLソースファイルは「ヘッド（頭）」と「ボディー（体）」のふたつの部分から成り立っています。それぞれ<head>で始まり</head>で終わり、<body>で始まり</body>で終わります。ヘッド部（ヘッダー）に書かれるのはウェブページの外側に表示される情報や、直接表示と関係しない付加的な情報です。たとえば<title>と</title>で囲まれる部分はそのページのタイトルとしてウインドウの上枠に表示されたり、ブラウザーでブックマークした時にそのメニューのリストに現れる文字です。一方ボディー部に書かれたものは、本体のページとして表示されます。ここに置かれた文字はそのままページ中に文字として現れることになります。
というタグは、ひとつだけで改行を表します。

画像を表示するタグ <img>

　HTMLの中で、とりわけ重要なタグがふたつあります。ひとつめは画像を表示するイメージタグで、<img src="welcome.jpg">という形をしています。イメージタグは単独のタグで、このタグのある位置に画像（インラインイメージ）が貼り付けられます。イメージタグにはどのファイルを表示するのか指定する属性「src」が必要ですが、他にも属性をつけることができます。例にあるような、<img src="welcome.jpg" width="320" height="240">というのは、welcome.jpgという名前の画像ファイルを、横320ピクセル、縦240ピクセルの大きさで表示せよ、という意味になります。またイメージタグにはalt="○○○"という属性をつけることが推奨されています。これはこの画像の内容を○○○の部分に入れた文字で説明するもので、何らかの理由により画像が表示できない場合に、画像の代わりに使われる情報になります。

第 8 章　ウェブ（World Wide Web）を使う　133

リンクを作るタグ <a>

　もうひとつの重要なタグは、リンクを作るためのアンカータグと呼ばれるものです。アンカータグは挟む形式で、リンクボタンになる対象をこれによって挟みます。<a href="http://www.musabi.ac.jp/">戻る</a>というタグは、「戻る」という文字がリンクボタンの働きをして、これをクリックすることによって武蔵野美術大学のトップページへ飛ぶ（今見ているページが消えて、リンク先のページがあらたに表示される）ようになります。アンカータグで挟むのは文字に限りません。画像を表示するイメージタグを挟むと、その画像がリンクボタンとなります。また「href」が示すリンク先は、ファイル名（パス名）でも、この例のようにURLでもかまいません。

背景色を変えてみる実験

　ここでちょっと実験をしてみましょう。<body> タグに属性を加えて、ページの背景色を変えてみるのです。<body bgcolor="#33CC33">と書き換えてHTMLファイルを上書き保存し、そのファイルをブラウザーで読み直してみます。すると背景が濃いめの黄緑に変わるはずです。このようにbgcolorというのは背景色を指定する属性なのですが、その後に続く6桁の数字と文字はどういう仕掛けになっているのでしょうか。実はこの部分は、RGB値によって色を指定しているのです。Rは赤（Red）、Gは緑（Green）、Bは青（Blue）を示しており、それぞれ2桁ずつ、RGBの順にそれぞれの色の分量になっています。数字とアルファベットが混じっているように見えますが、これはもうわかりますよね。第2章と第5章で出てきた十六進法の数字です。十六進数のA〜Fは大文字で書いても小文字で書いてもかまいませんが、ここでは見やすさを考慮して大文字で書いてみます。

　R（赤）、G（緑）、B（青）は光の3原色で、光によるディスプレーが標準的な出力になっているコンピューターにおける、基本的な表色方法

になっています。この十六進数表記のRGB値による色の指定は、背景色に限らずいろいろなところに顔を出します。ところでRGBのことを理解してもらう時に、例としてよく持ち出されるのが、黄色はどうやって作るか、という問題です。赤と緑と青の光を使って黄色を作るにはどれを混ぜたらいいか、ちょっと考えてみてください。

わたしたちは物質（絵具）の原色を混ぜて色を作ることには慣れていますが、非物質である光を使って色を作り出すという経験がありませんので、おそらく直感的にはわからないことでしょう。答えは、赤と緑を混ぜる、となります（筆者の個人的な経験ですが、30年ほど前にこのことに初めて気がついた時、天地がひっくり返るほどの驚きを感じました）。赤と緑を混ぜたら暗く濁った無彩色になる、というのは絵具でのこと。光の場合は混ぜるほどに明るくなるのです。これを加法混色と呼びます。コンピューターやテレビのようにおのずから光る画面の色は、加法混色によってコントロールされています。

RGB表記では、000000のようにRGBをすべてゼロにすると黒になります。202020や、7C7C7CのようにRGBがすべて等量であれば無彩色のグレーのトーンになり、FFFFFFと最大量になった時、白に達します。RGBそれぞれは2桁の十六進数で表される256段階（16×16）のトーンをもっているので、それらを掛け合わせた（256×256×256）1,677万あまりの膨大な色数を作り出すことができるのです。

実際のHTMLファイル

実はこの実験用のHTMLのサンプル、多くのブラウザーで表示させることはできるはずですが、現在のHTMLソースファイルとしては完璧なものではありません。何が不足しているのかというと、文書型宣言という表記などが抜けているのです。HTMLは誕生以来多くのバージョンを重ねながら発展してきました。その途中で見え方についてはCSS（後述）にゆだねることになったりして、そもそもの考え方の

第8章　ウェブ（World Wide Web）を使う　135

レベルで大きく変化しています。そういった経緯に配慮し、どの段階の考え方に基づいて書かれたHTMLのファイルなのかを、はじめに明確にしておく必要があります。文書型宣言は次の例のようなもので、ファイルの一番はじめの行に置かれます。

```
<!DOCTYPE html PUBLIC "-//W3C//DTD HTML 4.01 Transitional// EN">
```

次にhtmlタグには日本語で書かれた文書であることが明記されたりします。

```
<html lang="ja">
```

また、headの部分には、たとえばUTF-8コードで書かれた文書であることを示したmetaタグ（HTML文書についての付加的な情報を書くタグ）が入ります。

```
<meta http-equiv="Content-Type" content="text/html; charset=UTF-8">
```

実際のブラウザーでは、以上のような表記がなくても表示はしてくれるのですが、それはある意味、素性を明かさない人も好意でお世話するような、寛大な気持ちで表示をしてくれているようなものです。現実問題として世の中には古いHTML文書が残っていますので、もしそれらが表示できなくなると不便である、ということもあります。しかし、今後もずっとこうした便法に頼るわけにもいきませんから、新しく書かれるHTML文書では文書型宣言などの表記は省略しないようにしたいものです。この点からも、実用的なHTMLを書くのは専用のソフトに任せた方がよくなっているといえます。以上を踏まえて、先ほどの最低限HTMLファイルを現実に通用するように書き足すと、このようになります。

```
<!DOCTYPE html PUBLIC "-//W3C//DTD HTML 4.01 Transitional// EN">
<html lang="ja">
<head>
<meta http-equiv="Content-Type" content="text/html; charset=UTF-8">
<title>サンプル</title>
</head>
<body>
簡単なソースファイルのサンプルです。
<br>
<img src="welcome.jpg" width="320" height="240" alt="ようこそ">
<br>
<a href="http://www.musabi.ac.jp/">大学へ戻る</a>
</body>
</html>
```

5　CSS

　さてここまでで、文字の大きさや色を指定する方法が出てこないことに気づいた人もいると思います。実はHTMLは、文書の意味的な構造を記述するための方法に過ぎず、文字の大きさや太さ、色のような視覚的なスタイル（体裁）については、現在ではHTMLとは別の方法で記述されることになっています。この方法はCSS（Cascading Style Sheets、単にスタイルシートと略して呼ばれることも多い）という仕様で決められており、書体、大きさ、太さ、色といった文字のスタイル以外にも、文字間や行間、配置、さらには背景の色やさまざまに使われる罫線の太さなど、ウェブページの見た目のすべてにわたって細かく指定をしていくことができます。

　CSSを使うには、基本的にはHTMLの要素それぞれについて、あらかじめスタイルを決めて記述していくことになります。これをスタイル定義といいます。スタイル定義はHTMLソースファイルの中

第8章　ウェブ（World Wide Web）を使う　137

に書くこともできますが、別のファイルに分けてHTMLソースファイルから呼び出して使うことも行われます。別のスタイルシートを適用すれば、同じHTMLソースファイルが全く別の見え方をするページになってしまいます。ちなみにCSSで指定されないHTMLの要素はどのようなスタイルで表示されるのかというと、実はブラウザーのユーザーの設定に任されているのです。この設定は初期設定のままで特に変えていない人も多いことでしょう。

　紙をベースとした従来のグラフィックデザインにおいては、読む側が文字の大きさや背景の色を自由に変えて読むなどということは考えられないことでした。しかしウェブページでは、それがさまざまな読まれ方をしていることを考えなければいけません。目の不自由なユーザーが読み上げソフトを使って「耳で」読んでいるかもしれないし、日本語が読めないユーザーが翻訳ソフトを通して読んでいるかもしれません。ブログでは、文章だけを別のソフト（RSSリーダー）に自動で取得させ、自分の好みの文字スタイルに整形してまとめて読むというユーザーもいます。このような多様な読まれ方に配慮しようとすれば、文書の構造とスタイルを分離することは意義のあることです。

　文書の構造を決めるとは、書いてある文章が見出しなのか、本文な

骨格を作るのがHTML、肉づけとお洋服はCSSで

のか、箇条書きなのか、引用なのか、といったことをいちいちはっきりさせることです。たとえば本文であれば、<p>と</p>で挟まれた文字のかたまりが、文章のひとつの段落として解釈され、この「p」というHTML要素に対して書体、大きさ、行間や文字色といったスタイルを決めていく、ということを考えます。

　単純な具体例で説明します。「ヒラギノ角ゴ ProN W3」という書体で大きさ10ポイント、行送り150パーセント、文字色をグレーにするには、CSSではこのように書かれます。

```
p { font-family: "ヒラギノ角ゴ ProN W3";
     font-size: 10pt;
     line-height: 1.5;
     color: #808080;
     }
```

　HTMLのタグの代わりに、CSSではセレクターとプロパティーというものが使われます。上の例でいえば「p」がセレクターで、font-family、font-size、line-height、colorがプロパティーになります。セレクターでスタイル定義を行う対象を決めて、プロパティーで対象のどのスタイルを指定するのかを決めています。プロパティーのそれぞれの名前の後に、「:」に続いて値やフォント名が指定されます。

　CSSで書かれた指定は、対象となるHTMLソースファイルの中のヘッダー内に置くこともできますし、別のファイルに分けてHTMLソースファイルから呼び出して使うことも多いです。では、おなじみとなった最低限HTMLファイルに上のCSSの指定を組み込んでみましょう。

```
<!DOCTYPE html PUBLIC "-//W3C//DTD HTML 4.01 Transitional// EN">
<html lang="ja">
<head>
<meta http-equiv="Content-Type" content="text/html; charset=UTF-8">
```

```
<title>サンプル</title>
<style type="text/css">
<!--
p { font-family: "ヒラギノ角ゴ ProN W3";
        font-size: 10pt;
        line-height: 1.5;
        color: #808080;
        }
//-->
</style>
</head>
<body>
<p>簡単なソースファイルのサンプルです。せっかくなのでちょっとだけ本文を長く
してみました。</p>
<br>
<img src="welcome.jpg" width="320" height="240" alt="ようこそ">
<br>
<a href="http://www.musabi.ac.jp/">大学へ戻る</a>
</body>
</html>
```

　CSSの部分がコメントタグ <!-- と //--> で挟まれていますが、これ
はCSSに対応していない古いブラウザーにこの部分を無視させるた
めのものです。現在のブラウザーはすべてCSSに対応しているので、
省略されることもあります。

　CSSまで考え始めるとウェブデザインの専門的な内容になってしま
います。そろそろこの教科書の範囲を逸脱しかけているのでこのへん
でやめておきますが、現在のウェブページのデータがこのような仕掛
けで、かなり複雑なことをやっているということを感じていただけれ
ば十分です。実際にはCSSのほかにJavaScriptというウェブを動的に
拡張する言語がしばしば加わりますので、もっと複雑な仕掛けが動い
ているのですが。

6　ウェブサーバー

　ここまでの演習でウェブページの成り立ちの基本が理解できたと思います。もしウェブサーバー上に場所を確保することができたら、作ったデータをサーバーに転送し、ネットワーク経由で見てみることをおすすめします。その際に注意すべきことがいくつかあります。

　ウェブサイトを構成するファイルは、そのファイル名を半角英数字（一部記号も可）でつけることになっています。原則的にスペースも使ってはいけません。abc 1.jpgではなく、abc_1.jpgのように、スペースの代わりに「＿」（アンダーバー）などの記号を使いましょう。これはウェブサーバーがUNIX系のOS上で発達した経緯があることや、インターネットの国境を越えた伝達性のために日本語のファイル名では支障があることなど、ユニバーサルな情報伝達を指向するウェブならではの由来によるものです。

　またファイル名にスペースを使わないのは、プログラミングなどで命令とその対象となるファイル、あるいは複数の対象同士を区別するための「仕切り／区切り」としてスペースが使われているからです。スペースは目には何もない隙間と映りますが、情報としてはれっきとしたコードが割り当てられています。しかし現実的には半角英数字以外の文字やスペースはファイル名として使われていますから、これをURIとしても使う必要がある場合は、パーセントエンコーディングという規則に基づいて「％」のついた記号として置き換えます。これによれば、たとえばスペースは「%20」と表記されます。

　面白い問題として、大文字小文字の区別があります。WindowsもMacintoshも、ファイル名やフォルダー名の大文字小文字を区別しません。たとえばabc.jpg、Abc.JPG、ABC.JPGのファイルは、どれも同じものとして認識されます。ところがサーバーで動いているUNIX

第8章　ウェブ（World Wide Web）を使う　141

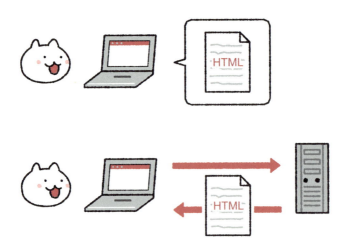

サーバーにアップロードし、ネットを経由しても同じに見えることを確認

系のOS上では、この3つはしっかり区別されるのです(ちなみにMac OS XもUNIX系OSといえますが、デスクトップ上で大文字小文字を区別しない扱いに関しては、あえて従来のMacintoshと同じままにされています)。自分のパソコンでちゃんと表示されていたページ上の画像が、ウェブサーバーにアップロードした際に見えなくなるようなトラブルは、この理由によることがほとんどです。ソースファイルでは<img src="abc.jpg">で参照している画像ファイルが、実際にはABC.JPGという名前で存在していたとします。本来なら別のものを指しているわけですからその画像は表示されないはずですが、データがパソコン上にある段階では見えてしまうのです。しかしそれはサーバーにアップロードすれば見えなくなります。混乱を防ぐ意味でも、特に意図がない限りファイル名は小文字でつけると決めておくのがよいでしょう。

アップロード
　ウェブサイトを世界中で見ることができるのは、ウェブサーバーが

四六時中動いていて、インターネット上のさまざまな場所からのリクエストに応じてファイルを送り出しているから、というしくみについては前に書いたとおりです。自分のパソコン上にあるデータは、ウェブサーバーに転送することによって初めて本来のウェブのデータとして公開できるようになるわけです。転送には主にFTP（File Transfer Protocol）を使います。

FTPというのはファイル転送手順のことで、どのOSでも対応している汎用のファイル転送手段です。まずFTPクライアントと呼ばれるソフトを入手しておきます。しかし、実は昔ながらのFTPはファイルの転送や認証において暗号化が行われないので、可能であればこれらセキュリティーの強化されたSFTP（SSH File Transfer Protocol）の使えるソフトを用意します。製品版、シェアウェア、フリーウェアのものが存在します。どれも基本的な機能は同じですので、手に入りやすいものを選んでください。またウェブページ作成ソフトには、転送機能が付属していますので、その場合は特に単体のソフトを入手する必要はないでしょう。

プロバイダーのサーバー上にデータを転送する場合は、プロバイダーが知らせてきたサーバー名、ユーザー名、パスワードなどが必要になります。さらにサーバー上のどの位置にファイルを置くとどのようなURLで呼び出せるのかという情報も知らされているはずです。これらはプロバイダーやサーバーによってディレクトリーの構成や設定がかなり違っているため、必ずこうなっているということはいえません。わからない点はプロバイダーの設定マニュアルや、サポートサイトなどを参照してください。

転送が完了したら、今度は実際にサーバーからインターネットを経由してそのサイトが問題なく見えているかどうかチェックします。プロバイダーから指定されたURLをブラウザーのアドレスボックスに打ち込んでみましょう。自分のパソコン上で見たのと同じものが、一

第8章　ウェブ（World Wide Web）を使う　143

瞬もたついて表示されるはずです。まぎれもなくネットワーク経由で画像が届いている証拠です。おめでとうございます！　これでささやかだけどオリジナルな、あなたのサイトは世界中から見ることができるようになりました。

7　ウェブサイトの構造・デザイン

　ウェブサイトを一から作ることを考えた時、まずどのぐらいの規模のものからスタートして、どのように発展させるかを考える必要があります。もっとも入門段階で使える技術や知識は限られていますから、はじめから明確な構想を持つのはむずかしいでしょう。すでにあるサイトの中で自分の気に入ったもの、あまり大規模でないものを選び、構造を類推してみるとよいでしょう。その場合、フロー図（フローチャート、流れ図）を描いて全体がどのように関係しているのか一見してわかるようにすると効果的です。複雑そうに見えたサイトがフロー図を描いてバラバラにしてみると意外に単純だったり、何かしら発見が必ずあることでしょう。

トップページ

　ウェブサイトの入り口になるページです。ホームとも呼ばれます。タイトルだけの扉ページがあってEnterなどの表示で中に入るスタイルと、いきなりインデックス（内容一覧）を出すスタイルがあります。扉ページを作るスタイルは、見る側に言語やページサイズなどの選択をさせることができますが、知りたい情報へたどり着くためのステップがひとつ多くなる欠点もあります。トップページは、それがインデックスになっているかどうかにかかわらず、index.htmlというファイル名を使うことが普通です。多くのサーバーではindex.htmlが特別なファイル名として定義されており、URLのこの部分を省略できるよ

144

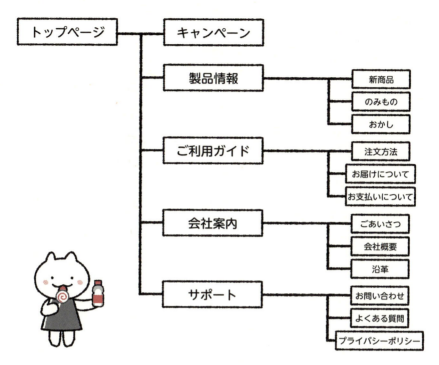

「佐藤甘味本舗」ウェブサイトのフロー図を描いてみよう！

うになっています。

ナビゲーションボタン

　インデックスページによって複数の内容へのサイト内リンクを作ります。よほど小規模なサイトでない限り、すべてのページを紙芝居のように見せることはないでしょう。それぞれのページには順番に進んでいくためのボタンや、前に戻るボタンなどがつけられます。これをナビゲーションボタンと呼びます。ブラウザーの「進む」「戻る」ボタンで代用されることもありますが、不親切なページという印象になります。特に必ずほしいのはホームに戻るボタンで、サイトの奥深くに入り込んでしまったユーザーが最初の場所に戻りたい時、あるいは検

第 8 章　ウェブ（World Wide Web）を使う　　145

索でいきなり途中のページにたどり着いたユーザーが改めて入り口から読みたい時など、場所をリセットするためのボタンとして重要な働きをします。

サイトマップ

　サイトの規模が大きくなると、インデックスページも煩雑になり、結局インデックスの役割をしなくなってしまうことがあります。この場合にインデックスページとは別に、内容を階層化して羅列したページを置くことがあります。これをサイトマップと呼びます。インデックスでは情報の優先度に応じて文字の大きさや色を変えるようなグラフィック処理を行うことが普通ですが、サイトマップではすべての項目に優先度の差をつけずにフラットに並べ、内容の選択をユーザーにゆだねます。

ページ空間

　一般に視覚のデザインを行う場合、事前にそのデザインが適用される場の大きさを決めることになります。紙のメディアであれば紙の大きさがミリメートルで示されるわけですがウェブの場合もミリメートルでよいのでしょうか。実は画面で表示されるメディアでは、ピクセルという単位が使われます。ピクセルとは画素のことです。デジタルカメラの画素数を表すのにも使われていますね。ピクセルは単に「何個」という数を表しているだけで、実際の長さとしては表示される画面によって異なります。つまり1ピクセルが何ミリメートルになるかは、モニターの機種によってまちまちなのです。モニターの解像度（表示ピクセル数）を大きい方に替えると、今まで見ていたページが小さくなり、より広い面積が表示できるようになった経験があるかもしれません。このようにウェブページの大きさというのはあくまで相対的なものです。

第3章でも触れましたが、モニターは近年、とても高精細な表示ができるようになってきました。しかし古い機種を使い続けているユーザーもいます。PCの広い画面で見ているユーザーもいれば、スマートフォンの狭い画面で見ているユーザーもいます。これらすべての条件にひとつのデザインで対応するのは無理があるので、モニターの表示ピクセル数を検出することによってスタイルシートを自動的に使い分けるような工夫がなされています。またはじめから固定された空間を想定せず、どのような大きさの画面でも最適に表示するようにするリキッドレイアウトや、PCとスマートフォンの表示を積極的に変えて、それを自動で切り替えて表示をさせる、レスポンシブレイアウトという手法も使われるようになっています。

ユーザビリティー（使いやすさ）

　ページデザインにおいてもっとも重要な要素は見やすさ、使いやすさで、これをユーザビリティーと呼んでいます。ウェブ上の文字は、紙に印刷された文字より読まれない傾向にあります。このためウェブではユーザーに考えさせない、いちいち文章で説明をしなくとも適切なアクションに導くような工夫が必要となるのです。もちろん長い文章を一切省くべきだ、というわけではありません。人は必要な情報だと判断したらウェブだろうが紙だろうがちゃんと読むでしょう。問題はそれがどこにあるのかを簡潔に示した上で、その情報の掲載されている奥のページに効率よくユーザーを連れてくるためにどうするかという点にあります。

　またウェブの特徴として、全体的にどれだけの量の情報があるのかを直感的に感じ取ることができません。さらにユーザーは、今自分が全体のどの位置にいるのか、あとどれだけ情報があるのかといったことも、全くわからない状態にあります。たとえば書物や店舗などの現実の空間であれば、これらが直感的に把握できるものです。つまり

ウェブ空間は現実空間と勝手が違うわけですが、その違いを吸収し、どのようにサイトを歩き回ったらよいのかの工夫を施すことが、ウェブのデザインでは重要なポイントになります。

文字の量・画像の大きさ

1ページにどれだけの文字を載せるべきか、画像は何枚載せるべきか、それぞれの画像の大きさは何ピクセルぐらいが適切なのか、という問題もあります。明確な規定やガイドラインがあるわけではないし、1ページあたりの情報量については年々ネットワークスピードの向上によって増える傾向にあります。簡単な目安として、画面を見る時スクロールしなくてもいいように、という考え方があります。たとえば横1,024ピクセル、縦768ピクセルの画面を想定し、この大きさをはみ出さないように文字や画像を配置するのです。そうするとおのずから1ページあたりの情報量が決まってくるでしょう。しかしその一方、同じページ内で内容を動的にどんどん追加して、コンテンツのある限りスクロールさせるような正反対の手法もあります。ウェブサイトの目的や、そこで扱う情報が一度公開したらめったに変わらないものなのか、それとも次々と更新されるものなのかによっても最適な設計が違ってきます。

デジタルカメラで撮った写真をウェブに載せることは日常的に行われますが、多くの場合、撮った画像そのままでは大き過ぎて使えません。たとえば時代遅れの500万画素のデジタルカメラであっても、画素数は2,560×1,920ピクセルにもなります。これをもし800×600ピクセルのページに貼り付ければ縦横ともに大幅にはみ出てしまいます。なぜこんなことが起きるのでしょう。

これまでデジタルカメラはプリントした時に精細かつなめらかなイメージが得られるように、画素数をどんどん増やしてきました。実は画面では十分になめらかに見える画素数でも、プリンターで出すとギ

ザギザ、ガタガタの絵になってしまいます。第3章でも書きましたが、画面で見たのと同じ程度のなめらかな絵を得るためには、プリンターはだいたい寸法比で4倍程度の画素数を必要とします。画面上で640×480ピクセルで見えているのと同じ程度になめらかな絵をプリンターから出すには、2,560×1,920ピクセル以上の画素数をプリンターに送らなければいけない計算になりますね。最近のデジタルカメラはウェブ画像用として見た場合、過剰なほどのクオリティーを持っているわけです。つまり、撮ったままのデジタルカメラの画像は、小さくリサイズ（間引きによる画素数の削減）をして、ウェブ用に仕立て直す必要があるのです。リサイズを行うには、Photoshopのような写真画像を加工することができるアプリケーションを使います。単にリサイズだけを行うのであれば、デジタルカメラに付属のソフトや、フリーソフトで用は足ります。もしはじめからウェブでしか使わないことがわかっていれば、はじめからより少ない画素数で撮影することもできます。

画像のファイル形式

ウェブページに貼り付けるための写真画像は、JPEG（Joint Photographic Experts Group）形式で保存されている必要があります。ロゴや図表など、写真以外の画像はGIF（Graphics Interchange Format）形式やPNG（Portable Network Graphics）形式が使われます。これらの形式は拡張子によって区別されます。使っているパソコンが拡張子を表示しない設定になっていると、これらの判別ができないので、拡張子は常に表示されるようにあらかじめ設定しておきましょう。

JPEG形式は、圧縮処理を施された画像ファイルです。圧縮されていない形式で保存されたものに対し、およそ20分の1程度のファイルサイズになります。保管や移動する時にファイルサイズを小さくして、使う時にもとの大きさに戻す、前にも書きましたがふとん圧縮袋

のような仕掛けです。JPEG形式の特徴として、圧縮の度合いを変えることができること、非可逆圧縮といって復元したものが完全に元の画像には戻らず、多少の劣化が起きることが挙げられます。圧縮の効き具合は画像の内容によって変化します。空や何のテクスチャーも持たない壁のように変化の乏しいものが画面の多くを占めている場合、圧縮の効きはよくなります。逆に樹木や砂利道など、複雑な画面では効きは悪くなり、圧縮率は下がります。非可逆圧縮であることから、保存し直すたびに画質は落ちていきます。作業途中のファイルはPhotoshop形式やTIFF（Tagged Image File Format）形式のように画質の劣化しない形式で保存しておきます。

　GIF形式の画像は、使える色数が256色に限定されるので、特に理由のない限り写真画像に使われることはありません。しかし色数が少ない内容であれば、同じ面積でJPEGよりファイルサイズが小さくなります。GIF形式の特徴として、特定の1色を抜く（その色の部分は画像がないのと同じ状態になり、下の色や画像が透けて見える）ことができること、GIFアニメーションという簡易アニメーションを作ることができることが挙げられます。アニメーションを作ることはできませんが、256色という制限がなく、また同じ256色のファイルであればデータ量がより小さくなるのがPNG形式です。この3種が目的に合わせて使い分けられています。

写真はJPEG、アニメーションができるのはGIF、その他の画像はPNG

音声・動画

　ウェブページに貼り付けるものは、静止画像に限りません。音声や動画、アニメーションを表示させることもできます。これらのファイルにもそれぞれ専用のファイル形式があり、ウェブで直接表示する方法もあります。しかし多くはFlashというソフトによって編集・プログラムされたものが、プラグインという拡張機能を使ってウェブページ上に表示されてきました。Flashは、基本的にはActionScriptと呼ばれる言語で図形の動きを制御して、ユーザーの操作に反応するようなアニメーションを作ることができるソフトです。操作に合わせた派手な動きや音、あるいは複雑な画面の切り替え効果をともなうウェブサイトの多くがFlashで作られてきました。しかし最新のウェブの規格であるHTML5からは、Flashを使わないと表現できなかったものの多くが、直接ウェブのデータとして作り出せるように拡張されています。この分野はまだまだ変化の真っ最中といえます。

8　プラットフォームとしてのウェブ

　インターネット上には個人のウェブサイトがすでにたくさんあります。ここにあらたに自分のサイトを加える意味はあるのでしょうか。美術大学で学ぶ人は、どんな形であれ必ず何らかの作品を作ることを目的としているはずです。作品というのは絵画やデザインだけとは限りません。文章や研究、イベントや場の形成など、さまざまな形の作品があることでしょう。これらの作品は、他の人に見てもらったり、読んでもらったりして初めて存在することになります。誰にも見せない絵、読まれない文章というものがないわけではありません。しかしそれらは作品ではありません。もし作者が死んでしまったあとにそれらが発見されれば作品ですが、そのまま消えてしまえば存在すらしなかったことになります。あらゆる造形物は作者以外の人間との接触に

第8章　ウェブ（World Wide Web）を使う　151

よって初めて作品になり得るわけです。

　作品は展覧会や出版、製品化という形で他者の目にふれることになります。しかしこれらの従来型のメディアは時間的、場所的、経済的な限定性を持っています。見逃した展覧会、手に入らない出版物、出かけられない場所。そのような壁によって他者との接触が妨げられてきたのです。ウェブはこの壁を壊す力を持っています。今までの自分の作品（あるいはそのコピー）をいつでもどこでも見てもらうことができます。出版物では割愛した大量の文章も読んでもらうことができます。遠くのイベントにオンラインで参加できたりします。ただし条件がひとつあります。それはインターネットに接続していることです。

　ウェブというメディアは個人が容易に情報を発信することのできる素晴らしいものです。ウェブ上のデータには原則的に配布地域や部数の限定がありません。これは日本中、世界中を相手にしているということになります。それだけにオリジナリティーを出そうとすると途端にむずかしくなります。町で1番だった自分の存在が日本で1000番以下になってしまうこともあります。しかし本当にオリジナルなものを扱っていれば逆に、町で1番が世界でも1番になってしまうことすらあるのです。

日記ページからブログへ

　しかし、たとえば作品紹介サイトは、実は作ってしまえばそれまでで、そこから発展して面白い活動になるということはあまりありません。名刺の拡張されたものに過ぎないともいえます。何度訪れても同じ内容のサイトは、そのうち誰も見なくなってしまいます。作者も飽きてしまって放置された、廃墟のようなサイトがたくさんあります。つまり本当に意義のある個人のウェブサイトというのは、内容に常に動きのあるもので、日々の営みが積み上がっていくような性質を持ったものです。

ウェブが普及して何年かすると、人々はあることに気がつきました。それは日記が面白い、というちょっと意外な事実でした。それまで日記というものは原則として他者に読まれることを前提としないものでしたが、ウェブサイト上の日記は逆に他者に読まれることを意識して、個人の日々の活動を記録してつづるものです。従来は個人の記憶の補強や心情の内的な吐露に使われるようないわば日陰の身であった日記が、ネットワークというメディアを得ることによって一転して積極的な存在に変貌したわけです。

　こうして多くの人たちがウェブ上で日記やそれに類するプロジェクトを運営するようになりました。そのうち、日記だけに特化するサイトが現れます。このスタイルのサイトをブログ（blog）と呼びます。ブログは従来のウェブサイトのようにサイトのデータを一から作るのではなく、サーバー上のCMS（Content Management System）と呼ばれる出来合いのウェブデータ管理プログラムを、ユーザーが設定によってカスタマイズ（自分用に仕立てること）するだけで見栄えのするサイトができあがります。始めてすぐのサイトでもそれなりに内容のある、ちょっとしたポータルサイトのような雰囲気になるため、時間もかからない手軽なウェブでの情報発信の手段として普及しています。ブログの登場により、情報発信に必要となる時間とコストが下がりました。

　さしあたって自分の作品集のような自己紹介サイトを作るとして、今までに起きたことを深く見せるよりは、今起きていて、今後も継続しそうなことに重点を置いて情報を伝えていく姿勢が重要です。

ブログからSNSへ

　CMSによるウェブの流れがさらに進んだものとして、LINEやmixi、FacebookやInstagramといったSNSが現れます。SNSは基本的にはウェブ上の会員制コミュニティーサービスと考えていいのですが、さ

SNSは「フォローする/される」関係で成立するもうひとつの社会

まざまな機能を盛り込んで今ではそれぞれがまさにひとつの社会を作り上げています。SNSの代表的な存在であるFacebookは、もともとは大学内の交流サイトからスタートしたものが、今ではユーザーが20億人を超える地球規模のコミュニケーションの場となりました。ユーザーは出身地やキャリアなどをプロフィールとして公開することもできます。基本的な機能はタイムラインと呼ばれる個人のブログのような場とコミュニティーであり、ユーザーが原則として実名登録であることと、情報公開の範囲をコントロールすることができることから、一般のブログに比べて安心して身辺のことを書いて公開できるような雰囲気があります。

　またコミュニティー機能を持たないのでSNSとは見なされないことがあるのがTwitterです。こちらは1記事の文字数を140字に制限することにより、断片的な情報や考え、思いといったものを断片のまま、逐次発信していくというスタイルを生み出しました。SNSは友

だちの関係や読者（フォローする／される）の関係を作り出すことによってコミュニケーションの場が成立しており、その結果一般のウェブページやブログに比べて発信した情報に対する反応が即座に実感できる特徴があります。

無理のない更新頻度

　作品サイトのことを考えた時、やはり毎日更新しているページが面白いのですが、それにかける時間やエネルギーを考えると何のためにウェブサイトをやっているのかわからなくなることがあります。自分のライフスタイルや内容によって、どのくらいの更新頻度が最適であるか考えて、ページ上にそれを明記しておくとよいでしょう。無理のない更新が長続きの秘訣です。現在では、固定した情報だけをウェブサイトとして作り、毎日更新する部分はCMSを用いたブログにしてしまう、という運営方法が主流になっています。またその反応性のよさから、すべての情報発信をSNS上で行うようにしている人も多く見られます。しかし反応がすぐ返ってくるというのは実は麻薬のようなもので、さらに多くを求めようとする気持ちが生じたり、反応だけを目的としてむやみに更新するようなことも起こり得ます。自分がネットワークコミュニケーションを利用している目的は何なのかを忘れずに、常に冷静な使い方をしたいものです。

第 8 章　ウェブ（World Wide Web）を使う　155

第 9 章　情報護身術

1 ネットワーク社会の落とし穴

　電子メールをはじめとして、さまざまな規模の電子掲示板（Bulletin Board System：BBS）やチャット、ウェブサイトやブログ、各種のSNS、Twitter、YouTubeなどの画像・動画共有サイト、さらにオンラインショッピングやネットオークションなど、ネットワーク上のサービスには多様なものがあります。そこで日々繰り広げられる人々の営みは、もはやネットワーク上にはもうひとつのリアルな社会が形成されているのだと感じさせるものがあります。ネットワーク上では、直接知らない人や言葉の通じない遠方の人との間にも何らかのコミュニケーションを気軽に取り結ぶことが普通であり、そこでのふるまいは今や冗談では済まされないリアルさで、自分に跳ね返ってくることになるのです。

　ネットワーク上のコミュニケーションには、便利さに比例するように多くの落とし穴が待ちかまえていると考えておく必要があります。ここには、大きく分けてふたつの問題が見られます。ひとつは個人情報の保護、つまりプライバシーの問題です。ネットを通じて自分の個人情報が必要以上に流布することは気持ちのよいものではありません。もしネットショッピングの際の各種の情報が取引先以外に流れたりすれば、金銭的な損害を被ることもある大問題になります。

　もうひとつは情報発信にまつわる責任、すなわちモラルの問題です。ネットワークでは任意の情報を匿名で発信することが簡単にできます。これらの情報の多くは責任がともなわず、情報の信頼性や正確性が低いだけでなく、デマや中傷などによって特定の人や団体に損害を与えることすらあります。

　ネットワーク上では、それまでの社会で築かれてきた個人の情報を必要に応じて出したり隠したりするしくみが、まだ最適な形では達成

されていないと考えられます。そのためどのような落とし穴が存在しているのかを事前に知り、できることなら穴に落ちないで歩けるような対策を各自が講じることが必要になるわけです。

2　個人認証

　個人認証というのは、自分が本当に自分であることを証明することです。このしくみがないと、さまざまな不都合を被ることになります。他人に自分のコンピューターを勝手に使われるような被害はまだ軽い方で、データが盗み見られる、お金を払って確保した自分の権利を使われてしまう、さらに自分の名を騙って犯罪行為をされてしまい、自分の信用や名誉を失ってしまうことすらあります。しかしこの重要な個人認証は、いまだに文字を使ったパスワード頼みであり、パスワードがわかればすべてがオープンになってしまうという現在の各種システムは、認証の重要度が年々高くなっていることを考えれば、相対的に脆弱化の傾向にあるといえるでしょう。パスワードを設定して行使する場面はどんどん増えているのに対し、パスワードの秘密保持の強度を高めるために桁数を増やしたり、頻繁に変更することを要求するのは根本的な解決にはなっていません。人間の記憶力だけに頼るパスワードという鍵は、もはや限界に近づきつつあります。しかしそれでも当分の間はパスワードとうまくつきあっていかなければなりません。そのための最低限の方法を挙げておきます。

パスワード、やってはいけないこと

　パスワードは、他人が類推できるようなものであっては意味を成しません。よくあるケースとして、銀行のキャッシュカードの4桁の暗証番号（これも最低レベルのパスワードといえます）を誕生日の日付の数字にしている人がいます。極端な例だと、キャッシュカードの裏

第9章　情報護身術　　159

にその番号が書かれていることすらあるといいます。またメールサーバーのパスワードをユーザー名（アカウント名、ユーザーID）と同じにしていたり、氏名と同じにしていたりすることもあるかもしれません（もっとも現在の気の利いたシステムであれば、そんな脆弱なパスワードは登録の際に受けつけてくれないはずです）。このように他人が簡単に調べられる情報を鍵として使うのは、玄関を施錠して、その鍵を玄関ドアの外側に吊るしておくようなものです。

　これほどひどい例でなくても、破られやすいパスワードには傾向があります。たとえば、氏名のローマ字読みを逆つづりにしたり、好きなアイドルや著名人の名前を使ったり、辞書にあるような英単語を組み合わせたりといったパターンは、パスワードを破ろうという悪意を持った者（クラッカー）にしてみれば、実は簡単に破ることができるのです。また最近ではさまざまな場面でパスワードを設定する必要があるために、すべてを同じパスワードにしている人や、場所によって変えていたとしてもそれをどこかにまとめて書き留めていたりする人もいるはずです。これらは現実的に考えて仕方がないような気もしますが、決しておすすめできる方法ではありません。

　また判断がむずかしいのが、パスワードをソフトに覚え込ませていいのかどうかという問題です。ブラウザーを使って認証の必要なページに行った時に、パスワードをブラウザーが覚えておいてくれる機能があります。この機能を使ってある有料サイトのパスワードを覚え込ませたあなたのノートパソコンが、何者かに盗まれてしまったとします。あなたの被害はパソコン本体だけでなく、そのパスワードによって得られるサービスにまで及ぶことになる可能性があります。便利な機能を使う時は、それによって派生するリスクを覚悟しなければならないのは、何もパスワード記憶機能に限ったことでもないでしょう。

パスワード、やるべきこと

　破られにくいパスワードを作る方法を覚えましょう。まず前に挙げたいわゆる定番のパターンは避けてください。パスワードの文字数はシステムによって違いますが、可能な限り長くするべきです。辞書に載っていないような、意味のない文字列を、しかも大文字小文字をランダムに混ぜて作ります。数字や、システムが許せばという条件つきですが、「!#$%&()+?」のような記号なども混ぜることができれば、より強度が増したパスワードになります。

　意味のない文字列、と簡単に書きましたが、これが実はやっかいな代物です。もともと無意味なのですからそのまま簡単には覚えられないのです。その結果、つい紙に書いてしまったのではセキュリティーはかえって低下してしまいます。そこで以下のような方法でパスワードを作ることが推奨されています。まず、ある程度長い文を考えます。「わたしは昨日、夕方、ポチをつれて川へ散歩に行った」という文なら暗記できますね。これをローマ字に置き換えます。「watashiha kinou yuugata pochiwo tsurete kawahe sanponi itta」となります。次に分かち書きにした文節の、それぞれ1文字目を取り出してつなげます。これによって「wkyptksi」という無意味な文字列ができました。あとはこれを適当に変形します。たとえば「Wkyp2ks!」というように、形や音で関連を作っておきます。もっともどこを変形したのか忘れてしまうと意味がありませんので、ほどほどのところで止めておきます。あるいはこんな長い文を使わずに、「時は金なり」ぐらいの短い文で同じようにローマ字書きを行い、母音を抜いた文字列に変形を加えるような方法でもよいでしょう。

　さらに、パスワードはずっと同じものを使わずに、時どき変更をしてください。何らかの事故でシステム側のパスワードファイルが漏れた時に、それが裏の世界に流通したり破られたりする以前に、こちらでパスワードを変更してしまえば実質的な被害はないわけです。

秘伝・破られにくいパスワードを作る方法

　自分に不備がなくとも、何らかの原因で一度漏れてしまった情報は、物と違って取り返すことができません。他人に知られてしまったら最後、その記憶を消すことができないからです。以上のノウハウは自衛策と思って可能な限り実行してほしいものです。

より高度なセキュリティー

　現在、ある人が本当にその人であることを確認するためにコンピューターが用いているのは、パスワードによる認証です。しかし繰り返すまでもなくパスワードには欠点があり、認証方式としては脆弱なものです。何しろ盗み見られたら最後、もうそのパスワードは用をなさないのです。そこでパスワード認証に代わる方法として使われているのが、生体認証というものです。自分が自分であることを示すために、自分の体の一部を使うというわかりやすい考え方です。生体認証としてすでに使われているものには、指紋、声紋、手の甲の静脈パターン、目の虹彩パターンなどがあります。これらはすべて同じ模様、パターンを持っている人が自分以外にはいない部位や情報です。読み

取りのための専用装置が必要であるという欠点はあるものの、個人の特定という点から見るとパスワードよりも確実な認証が行えるものと考えられています。

　しかし、どんな認証方法でも絶対確実というものはありません。生体認証であっても、体の部位を何らかの物質でコピーしたもので、なりすまし可能なことが発表されています。しかもパスワードと違って、一度なりすましが行われてもその認証データを変えるわけにはいきません。指紋の複製を作られてしまったからといって、指紋を変えることはできないからです。また最近のスマートフォンのカメラは性能がいいため、記念撮影のピースサインから指紋が読み取られてしまう可能性があることが話題になりました。

　認証方法が複雑で高度になればなるほど、なりすましは起こりにくくなりますが、認証に要する手間がかかり、またそのための費用もかさみます。つまりどんな情報を守るのかによって認証方法のレベルはおのずと決まってくるものと考えられます。今はほとんどがパスワード認証ですが、堅い守りを必要とする場面では今後、何らかの高度な認証方法が併用されていくことになりそうです。

　また本人確認が必要なのは、必ずしもリアルタイムな手続きだけではありません。書類をベースとした手続きにおいても、印鑑やサインに代わる本人確認方法が必要になっています。電子商取引や電子政府を成立させる鍵となったのが、電子証明書と呼ばれる方法です。これはその取引や申請が明らかに本人からのものであること、あるいはそれを受けつける側のサーバーも、間違いなくその役所や会社のものであることを、認証局と呼ばれる第三者機関が証明をするしくみです。本人確認の他に、ネットワークを通して送られるデータを巧妙なやり方で暗号化（後述）し、途中での改ざんを防止するしくみも使われています。

第9章　情報護身術　163

3　電子メール護身術

なりすまし

　現行の電子メールのシステムには、ひとつ大きな欠点があります。それは比較的簡単に「なりすまし」ができることです。メールのヘッダーの情報について、前に書きましたが、その中のFrom行にあるアドレスや名前は、必ずしも本人であるかどうかの保証はありません。つまり他の人の名を騙ってメールを出すことができてしまいます。現在のメールシステムは、インターネットが限られたユーザーの閉じたコミュニティーだった頃に誕生したものが発展してきた経緯があります。つまりメールシステムの根幹は性善説に基づいてシンプルに作られており、送信する時にパスワードを要求しないしくみなのです。このようにしておくことで、メールの投函と中継を同じしくみで一元的に取り扱うことができるように考えられています。

　最新のメールソフトでは、設定の際に自分が所持するもの以外のア

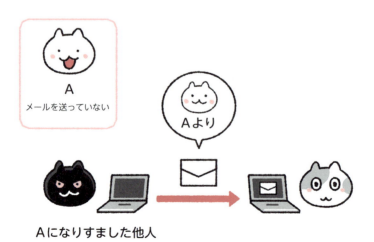

「なりすまし」に簡単に騙されないように用心しよう

カウントを勝手に登録できないような配慮がされており、他人になりすましてメールを送ろうと企てても、やりにくくはなっています。しかしそういうチェック機能のない古いメールソフトを使ったり、あるいは悪意のあるメールソフトそのものを作ることだってできますので、From 行を偽造することは今でも可能なままです。これはとんでもないことと思われるかもしれませんが、郵便物だって差出人を偽装することが簡単にできるわけですから、それほど驚くには値しません。

またプロバイダーによっては、POP before SMTP といって送信前に必ずパスワードの必要な受信操作をさせるような設定になっているところや、SMTP auth という送信時にユーザー認証をするしくみを導入していたりしますが、これらは主にメールサーバーが悪質な業者による迷惑メールの送信に利用されることを阻止するための対策で、なりすまし問題にとっては直接の解決策とはなり得ません。

もっとも声によって本人確認ができると信じられていた電話ですら、なりすまし詐欺が横行している昨今です。受け取ったメールがその送り主から来たものだと100パーセント信用するのではなく、ちょっと疑ってかかるぐらいの気持ちでいる方が現実的なのかもしれません。もし重要な用件で何か不審な点があれば、そのメールに直接返信するのではなく、必ず自分が知っている相手のアドレスに返信をして、事実関係をたしかめてから行動に移るべきでしょう。

迷惑メール

頼んでもいない商品やサービスを宣伝する電子ダイレクトメールを、迷惑メール（スパムメール）と呼びます。新しいメールアドレスには全然届きませんが、あちこちにメールアドレスを書き込んでいるうちに、ネット上の名簿業者にアドレスがわたってしまったり、ウェブサイトにうっかり書いておいた連絡用のアドレスを自動的に拾われたりして、迷惑メールの発信業者のリストに載ってしまった結果です。迷

惑メールのリストに載ってしまっても、特に問題はないので恐れる必要はありません。単にさまざまな不要メールが日々送られてきてうんざりするだけです。怒りにまかせて「もう送るな」「送信リストから抜け」などという反応をしてはいけません。そんなことをするとあなたはちゃんとメールを読んでいる人としてリスト上のランクがひとつ上がってしまい、より多くの迷惑メールに悩まされることになるかもしれません。

　迷惑メールは、有名な発信元についてはメールサーバーで遮断するサービスを行っているプロバイダーもありますが、発信元を変えて送ってくればいたちごっこです。今のところ受信側が無視して捨て続けることしか有効な対応がないわけです。今のメールソフトには迷惑メール削除対象として自動的に分類してくれる機能がついているものがありますので、これを利用するのが現実的です。

チェーンメール

　「不幸の手紙」や「幸福の手紙」の電子版と思ってください。もっと悪質なのは「当たり屋情報」や「ウイルス情報」と呼ばれる種類のメールです。これらのメールは、「このナンバーの車は当たり屋なので気をつけろ」「このタイトルのメールはウイルスメールなので開けるな」という内容のものですが、必ずあなたのお友だちに知らせてください、というようなくだりが含まれています。つまり、受け取った人の親切心を悪用して不幸の手紙と同じことをたくらんでいるわけです。

　チェーンメールの問題点は、内容の真偽もさることながら、不要なメールがねずみ算式に爆発的に流通することによって、メールサーバーやネットワーク全体に負荷をかけることにあります。最近はあまり聞かれなくなったのは、メールサーバーやネットワークの処理能力が飛躍的に伸びて、以前であればダウンする程度の負荷を平気でこなしてしまうようになったためでしょう。しかし今後、内容や手口を変

えた新手のチェーンメールが現れないとは限りません。くれぐれも親切心から気軽にメールを転送しないように心がけてください。またTwitterのリツイートやSNSにおけるシェアなども、同様の問題を引き起こすことがあります。普段の注意の感覚が保てなくなる災害時には特に気をつけましょう。

4　コンピューターウイルス

　コンピューターウイルスはあくまでもプログラム（あるいはその一部）であって生物を攻撃するものではないので、人体が被害を受けることはもちろんありません。しかしウイルスに感染したコンピューター上のデータは、運が悪ければ回復不可能なほど甚大なダメージを受けてしまいます。コンピューターウイルスはデータの破壊を行い、何らかの手段で別のコンピューターに自己を感染させるように動く、悪意を持ったプログラム（マルウェア）なのです。

　より詳しい話になりますが、実は狭義のウイルスは広まるのに誰かの手助けが必要であるのに対し、自力で広まるタイプのものはワーム（worm）と呼んで区別されます。生物に作用するウイルスも単体では

他者に寄生して広がる病原体のウイルス、蠕虫のように自力で広まるワーム

第9章　情報護身術　　167

増殖できず、必ず生きている細胞に寄生しますが、狭義のコンピューターウイルスもプログラムの一部に入り込むように活動します。一方ワームはその名の通り蠕虫のようなもので、単独で存在できるプログラムです。

　これらのコンピューターウイルスは、さまざまな経路で感染します。USBメモリーのような物理メディアによるもの、特定のウェブサイトの閲覧によって感染するもの、ワームであればネットワークに接続するだけで感染することすらあります。感染ルートとして今でも多いのは、やはりメールを媒介とするものでしょう。

メール感染型コンピューターウイルス

　メール感染型コンピューターウイルスには数多くの種類や亜種があり、その多くはメールの添付ファイルとして送られてきます。知らない人からのメールであれば警戒する人でも、知り合いから来たメールには気を許してしまうものです。添付されたファイルを何の気なしにダブルクリックして実行することにより感染します。感染したパソコンはすぐに症状を呈することもありますが、そのまま潜伏してある特定の日付に一気にファイルを消去したり、設定を書き換えたり、何らかのメッセージを表示したりすることもあります。

　さらにこのウイルスは自己の複製を自動的にメールに添付して、アドレス帳を参照して勝手にメールを送りつけるようになります。さらに悪質なものは、その時の発信元を偽装します。つまりToだけでなくFromもアドレス帳からランダムに選んだアドレスを割り当てて、次々と送り出すのです。これによってどの人からウイルスメールが送られてきたのか、特定をむずかしくするわけです。このウイルスメールは発信元がすでに偽装されているという点に注意してください。ほとんどの場合、発信元にされた人に苦情をいっても全く解決にならないからです。

OSが違えば感染しない

コンピューターウイルスは、OSが違うと感染しません。基本的に種が違うと感染しないのは生物を宿主とするウイルスと同様です。このことからも全世界のコンピューターがすべて同じOSでない方がよいわけですね。MacintoshのユーザーはWindowsユーザーからウイルスメールが送られてきても何の心配もいらない（その逆も同様）ということです。しかし間違ってもそのメールを誰かに転送することのないようにしましょう。転送した相手のOSがまたWindowsであれば、結果的にあなたはウイルス感染の片棒を担いだことになってしまいます。

スパイウェア

ユーザーのキー操作やファイルの中身を盗み取り、そこで得られた情報をネットを経由して仕掛けた者へ送り出すソフトをスパイウェアと呼びます。コンピューターウイルスと同じような経路で感染しますが、コンピューターウイルスが派手な破壊行為におよぶのに対し、スパイウェアはユーザーに知られずに情報を流し続ける必要があるため、表立った挙動を示しません。しかし重要な情報漏えいが発生すればウイルスよりも大きな実被害が発生しますから、ウイルスと同じように注意する必要があります。

予防対策は必須

ウイルスからパソコンを守るには、まずセキュリティー上に弱い部分があるとされている古いOSやアプリケーションを使い続けないことが重要です。その上でウイルス対策ソフトをインストールしておくことです。これはすでに感染があればハードディスク上に存在する不正なプログラムを削除し、可能な限り破壊されたデータの修復を行うユーティリティーソフトです。また予防的な機能も備えており、受信したメールの中に感染したものがあれば、ハードディスクにメールと

第9章　情報護身術　169

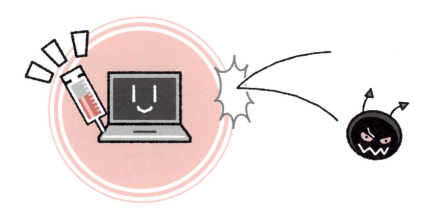

パソコンにも定期的な予防接種を！

して書き込まれる前にウイルス部分の削除を行ってくれます。

　この対策ソフトは「ウイルス定義ファイル」というデータベースにしたがって動作するので、ソフトメーカーの指示のとおりに定義ファイルを常に最新のものにしておくことが、新種のウイルスに対する予防となります。商品版のウイルス対策ソフトでは、スパイウェアも対策の対象になっていることが多いようです。またプロバイダーによってはメールサーバーの段階で既知のウイルスに感染したメールを捕捉し、ウイルス部分を駆除してくれるサービスを行っている場合がありますので、利用する価値はあるでしょう。

5　暗号化の重要性

パケットの盗聴

　24時間いつでも買い物ができ、価格面でもお得なことの多いネットショッピングは便利なものですが、利用にあたっては注意が必要です。特に気にすべきなのは、個人情報やクレジットカード情報の入力が必要となる場面でしょう。住所や電話番号も困りますが、特にクレ

ジットカードの番号が漏れてしまえば、金銭を盗まれたのと同じで、直接的な損害を被ることになります。

　ネット上で情報が盗まれる手口には、大きく分けてふたつのタイプがあります。ひとつは途中経路のデータが盗まれるものです。もし自分のパソコンとお店などのサーバーの間のネットワーク上のどこかに悪意を持つ者がいれば、やり取りされるデータを盗聴のようにそっくりコピーし、そこからウェブページのフォームなどに入力した重要な情報を抜き出されたりする可能性があるということです。このパケット盗聴はタッピングやスニファリングと呼ばれ、会社や学校など、また特に多数の人の出入りがある公衆無線LANなどで起こる可能性があります。しかし、部屋に盗聴器を仕掛けるのと同じように、物理的にネットワーク機器に接続しないとデータが盗めないこともあり、ネットワーク機器自体の発達や物理的なセキュリティーの向上にともなって、以前よりは起こりにくくなっているようです。

フィッシング

　むしろもうひとつの方が最近は問題になっています。それはフィッシングと呼ばれます。フィッシングの手口は簡単にいうと、ユーザーをメールなどの方法で偽のウェブサイトにおびき寄せ、そこで盗み出す情報を入力させるというものです。そのメールの内容も、セキュリティー向上のためにシステムの改善を行ったのでカード情報の再入力をお願いします、というようなユーザーのセキュリティー意識を逆手に取った内容だったりします。そしてメールのリンクをクリックして立ち上がった複数のウインドウは、一方が本物のカード会社のサイトで、入力用だけが偽物、というような巧妙な仕掛けだったりするのです。接続先が本当にその会社や組織であるというのは、URLだけで信用できるものではないのです。

第 9 章　情報護身術　　171

暗号化

　さて、以上のような悪質な行為から自分のデータを守るためにはどうしたらよいのでしょう。まず考えられるのが「暗号化」です。通常のウェブページの入力フォームでは、ブラウザーで打ち込んでサーバー側に返される情報が暗号化されていません。しかし、もしそれが高度に、つまり簡単には復元できないような暗号化がなされていれば、途中で盗まれたとしても事実上問題はありません。

　次に接続先が偽のサイトかどうかを識別するには、接続している先がたしかにその組織であるかどうか、信用できる第三者機関によりそれを証明できるような仕掛けがあればよいわけです。そしてこれらを達成するのがSSL (Secure Sockets Layer)です。個人情報を入力するフォームの含まれるページは、SSLによって通信が保護されている必要があります。SSLは、暗号化の他にサーバーが偽物でないこと、ページに提示されている情報が改ざんされていないことなどを証明する機能も併せ持っているのです。SSLで保護されたページに入ると、ブラウザーのウインドウにその旨の表示（鍵のアイコンなど）が出るので、これを確認してから重要な情報を入力するようにします。SSLは最近のバージョンではTLS (Transport Layer Security)と呼ばれるようになっています。

　ここで、現在使われている暗号のしくみを簡単に説明します。古典的な暗号のしくみは、元の文章を暗号化する時の変換方法の鍵を相手側にだけ知らせ、秘密にしておくというものでした。この秘密鍵暗号（共通鍵暗号）と呼ばれる方法では、暗号化とそれを元に戻すのに同じ鍵が使われます。秘密鍵暗号の問題点は、相手が多くなった時に秘密の鍵を漏えいせずに長期間安全なまま維持することがむずかしいという点にあります。

　そこで現在使われているのが公開鍵暗号と呼ばれる方法です。この方法では、それぞれの人が公開鍵と秘密鍵というペアの鍵を持ちます。

AがBに暗号化した文章を送ることを考えます。AはBのウェブページに行き、そこに公開されているBの公開鍵で暗号化し、それをBに送ります。Bはその暗号化された文章を、自分の秘密鍵で元に戻します。共通の秘密鍵は存在しないので、それが漏えいしてしまうことはありません。

　実際のネットショッピングでは、はじめに公開鍵暗号方式でショッピングサイトとの間で一時的なパスワードを共有し、これを秘密鍵と

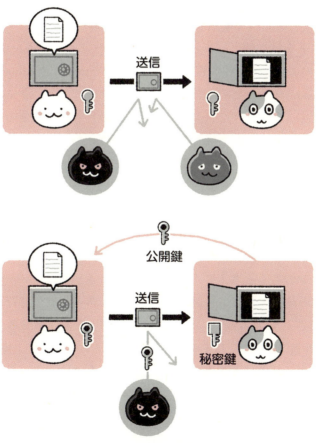

同じ鍵で開け閉めする方式（上）では鍵が漏れてしまう不安があるが、公開鍵で閉めて秘密鍵で開ける方式（下）だと安心

第9章　情報護身術　173

して使ってクレジットカードの番号などを暗号化して伝えるという2段階の方法が使われています。実に複雑なしくみですが、すべてプログラムが自動的にやってくれるので、ユーザーが意識するのは「鍵や南京錠のアイコン」だけ、ということです。

6　自由と護身

　ネットワークを利用して他の人と情報をやり取りする手段や場（コミュニティー）にはさまざまなものがあります。電子メールやメーリングリストをはじめとして、個人のブログのコメント欄から「2ちゃんねる」のような大規模な電子掲示板（BBS）、mixiやFacebookなどのSNS、さらにTwitterとそれに連動する各種サービスと、今や百花繚乱の状態です。このようなコミュニティーでの書き込みが発端となってトラブルとなることはしばしば見聞きします。たとえば相手によかれと思って書いたささいな忠告が誤解され、逆に罵倒するような返答を招くことがあります。

　文字だけのコミュニケーションでは、顔の表情や声の調子といった会話における微妙なニュアンスが伝わりません。そのような条件下で相手に不利なメッセージを書くのは、かなり難易度の高いコミュニケーションであると考えてください。また書き込まれたメッセージは話し言葉と違って何度でも読み返すことができ、一度生じた感情が何度も反復されてエスカレートする傾向があります。第三者が仲裁に入って余計にこじれたりすると、その場はフレーミング（炎上）と呼ばれる荒れた状態になります。こうなると厄介です。ネット上にはフレーミングとなった場に入り込んで煽るのを楽しみにしている人たちがおり、そのような無関係な人たちが面白半分に群がったコミュニティーは、最終的に閉鎖しないと収拾がつかなくなってしまいます。ネット上で出会う人の中には、匿名性をよいことに常識では考えられ

ない行為におよぶ人がいるということを忘れないようにしてください。

反対側にいるのも人間

　ネットワーク上では何を表現してもよいのです。もちろん自分自身や他者に対して何らかの不利益をもたらす表現や、犯罪行為とされている表現をあえてやる人はいないとは思いますが、実はそれすら原則的には自由なのです。なぜならば、何か反社会的なキーワードを書いただけで自動的にデータの伝達が行われなくなるような、恣意的な検閲機能のついたネットワーク、などというものはあってはならないからです。ただし、今やネットワークの上も社会の一部であるということだけは忘れないでください。ネットワークの向こう側にいるのはコンピューターではなく、人間なのです。

　人間同士のトラブルには法律や警察力が介入して、これを排除する力が働きます。直接のトラブルであろうがネットワークを介したトラブルであろうが、これは同じことです。しかも世界規模で広がってい

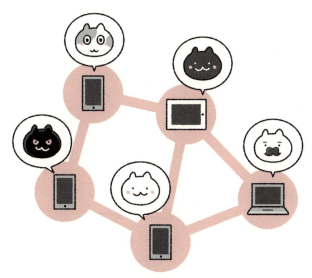

ネットワークの向こうに生身の人間がいることを忘れるな！

第9章　情報護身術　175

るインターネット上の不法行為に対しては、特定の国の法律だけが適用されるとは限りません。自国では何ら問題にならない情報発信が、他国の法律によって罰せられたり、あるいは文化のモラルに反したり、宗教上のタブーに触れたりということすらあり得るのです。このように考えると、ネットワーク上であっても、無制限に自由なふるまいが行えるというわけではないことに気がつきます。責任が伴わない表現の自由などあり得ません。情報発信にあたっては常に慎重であってください。

7　著作権

　ウェブでしばしば問題になるのは、著作権をはじめとする知的所有権の侵害です。自分のウェブサイトに掲載した自作の画像や文章がコピーされて、他者によって勝手に再利用されてしまうことは、残念ですが決して珍しいことではありません。知的所有権の中でも、特許権や意匠権のような工業所有権は登録しなければ権利が発生しませんが、著作権は何の手続きをせずとも自動的に発生します。たとえ幼稚園児の描いた絵であっても、それがオリジナルなものであれば著作権が生まれることになります。つまり創作された物（著作物）である限り、作り手が素人であろうがプロであろうが関係ないのです。この権利は原則的に作者の死後50年間（期間は国によって違います）有効で、しかも世界の大半の国との間に条約が結ばれていて外国の著作物も同様に保護されます。

　まず自分が他者の著作権を侵害しないことが大切であるのはいうまでもありません。しかし他者のサイトの画像をそのまま自分のサイトの画像として使うなどというのは論外としても、スキャナーで印刷物を取り込んで、何かの説明などのためにちょっと載せたりすることも認められないのかという問題があります。まずそれらの画像の著作権

者を調べて、利用の許諾が得られればもちろん問題はありません。またクリエイティブ・コモンズという運動があり、作品の再利用についてある条件の下で自由にすることを宣言する方法が考えられています。そうでない場合であっても、ある一定の条件を満たせば自由に利用できることがあります。具体的には「私的利用のための複製」や「引用」、「学校における複製」などという場合です。しかしこのような場合であっても100パーセント自由であるわけではなく、さまざまな制限が付随します。

「私的利用のための複製」というのは、テレビを録画してあとで見るとか、借りた雑誌をコピーして家で読むといったように、一般にかなり幅広く行われている著作物の自由利用です。ではウェブサイトでも個人のページであれば私的利用と見なして、コピーした画像を貼り付けてかまわないのでしょうか。残念ながら答えはノーです。著作権というのは細かく分かれたさまざまな権利の総称なのですが、その中に公衆送信権という権利があって、この場合はそれが適用されてしまいます。つまり個人のウェブサイトであっても著作物を公衆に対して送信することになるので、事前に許諾が必要となります。自分のサイトは限られた知り合いしか見ないから、といってもダメです。サーバーにアップロードした段階で、公衆への送信が可能になったと見なされ、実際に送信したのと同じことになるのです。

「引用」というのも主に文章においてかなりフレキシブルに解釈されて行われている自由利用ですが、これにも自作の部分が主で引用の部分が従となるような、内容的な主従関係が求められます。引用部分の範囲を明確に区分することや、引用元となった著作物の情報を表示することも必要となります。また特に学校においては、教育目的ということもあり著作権の適用は一般よりかなりゆるくなっています。実際のところ著作物の教科書への掲載や授業用の複製、試験問題への複製などがかなり自由にできることになっています。ただし学校といえ

第9章 情報護身術　177

ども著作権が全く適用されないわけではなく、著作者への通知や、著作権者の利益を損ねる場合の補償金の支払いなどの条件がいろいろ定められていますので、注意が必要です。著作権の問題は、何しろ法律が相手ですから素人が勝手な解釈をすることは危険です。また法律の側にしても、急速に進化したネットワーク時代に十全に対応できる段階にまだいたっていないといわれます。「これはまずいかな？　大丈夫かな？」と、ちょっとでもグレーゾーンに足を踏み入れそうになったら、さまざまな情報源で調べてみましょう。

あとがき

　はじめからわかっていたことではありますが、このジャンルで賞味期間の長い本を書くのは、とてもむずかしいと痛感しています。この本の前身である『電脳の教室』が刊行されたのは2005年、その改訂版である『新版 電脳の教室』が2011年のことですから、だいたい5年もたつと本の寿命を迎えてしまうのです。本の内容のすべてが古くなってしまうのではありません。多くの部分はまだまだ大丈夫なのですが、5年の間に必ずどこか大きく変化する領域があって、それを扱っていた部分の記述がとても時代遅れに感じられるようになるのです。

　その古びた部分は気にしないようにしていてもどんどん目立つように思われ、やがて全体の賞味期限切れを決定的にしてしまうのでした。食べ物だって一度に全体が腐るわけではないので、ものごとの陳腐化する一般的な傾向にしたがっているといえばそれまでなのですが。しかしそういうことを経験すると人間はずるくなるもので、足の早そうな新鮮な領域にはなるべく手を出さずに、長く読んでもらえそうな干物や漬物みたいな領域ばかりを取り上げて書くようになるものです。

干物や漬物は常備菜、たまには刺身も食べたいが…

正直そんな執筆作業でした。

　ひとつ幸運だったのは、執筆を開始した直後に良書に出会えたことです。ブライアン・カーニハンといえば『プログラミング言語C』のふたりの著者のうちのひとりであり、コンピューター世界における神さまのような大先生ですが、事もあろうに理系ではない一般大学生向けのコンピューターリテラシーの本を書かれていたのです。長嶋監督にキャッチボールを習う、という昭和のたとえ話で恐縮ですが、そのぐらい強烈なインパクトの「ありがたくももったいない」感じがいたしました。しかも出版されたのは2011年（日本語版は2013年、オーム社）、わたしの『新版 電脳の教室』と同じ頃ではありませんか。大先生のお仕事と比べるべくもありませんが、同じ世界で同時代に、（たぶん）同じ目的の本を書かせていただいている運命の重大さに目がくらむ思いがしました。カーニハン先生の *D is for Digital* は『ディジタル作法 カーニハン先生の「情報」教室』というこれまた魅力的な邦題で翻訳されていますので、この本の内容に飽き足らず、容赦のない本場のコンピューターリテラシーを求めてやまないみなさんにぜひおすすめいたします。

　本学通信教育課程で「コンピュータリテラシー」の授業を担当されている清水恒平准教授、小西俊也講師のおふたりには、授業で必要とする内容や範囲について詳しく御教示をいただきました。それからこのリテラシー本には欠かせない脱力イラストですが、今回もまた塚本なごみさんが、お正月返上で描いてくれました。本学出版局の木村公子さんにはいろいろとご尽力をいただきました。関係のみなさまに心から御礼申し上げます。ありがとうございました。

索 引

記号・数字

@（アットマーク） 104

3G 96

4G 96

1000BASE-T 88

100BASE-TX 88

10BASE-T 88

アルファベット

A

A/D 変換 27

AND 検索 129-130

ASCII（アスキー） 72-73

B

b（ビット） 28-29

B（バイト） 28-29

Backspace 76

BBS 158, 174

Bcc 108, 117

BD 43

bit 28

blog →ブログ

Bluetooth（ブルートゥース） 47, 50

bps 88

BS 76

byte 28

C

CAD 18

Cc 108, 111

ccTLD 105

CD 43

CD-R 43

CD-ROM 43

CD-RW 43

CMS 153

CPU **38**, 39, 40-41

CRT 44

CSS 137-140

D

D/A 変換 27

Del 76

DNS 93

dpi 51

DTP 19

DVD 43

E

Ethernet →イーサネット

EUC-JP 72

F

Facebook 153-154, 174

Flash 151

From **108**, 111, 164-165, 168

FTP 143

G

G（ギガ） 29

GB（ギガバイト） 29

GHz（ギガヘルツ） 39

GIF 149-150

Gmail 98

Google 128, 130

gTLD 105

GUI 57, 60-61

H

HDD 37, **41**, 52, 56

HTML...........................**120**, 131-137

HTML ソースファイル→ HTML ファイル

HTML ファイル 131, 132-**133**,
134, 135-136

HTML メール 112-113

http...................................93-94, 121

Hz（ヘルツ）...39

I

IEEE802.11 89

index.html................................ 132, **144**

Instagram 153

iPad..57

iPhone...57

IP アドレス................................**92**-93, 95, 98

IP パケット 88

ISBN...94

ISP 91

I ビーム 75

J

JavaScript 140

JIS コード 72-73, 74, 116

JPEG..132, 149-150

K

K（キロ）...29

KB（キロバイト）..29

L

LAN....................................**87**, 88, 91, 95, 97

LCD 44

LINE（ライン）...153

Linux（リナックス）.....................................58

LTE...96

M

M（メガ）...29

MB（メガバイト）...29

Macintosh **58**, 61, 68-69, 70, 71, 73
75, 76, 77, 80, 82,
114, 123, 141, 169

MAC アドレス **88**, 90, 92-93

MIME...113, 116

mixi...153, 174

MS-DOS 57, 116

MS-IME 70

N / O

NOT 検索..130

OR 検索..129-130

OS **54**, 55, **56**, 57, 58, 59, 60, 62, 63,
66, 68, 70, 74, 75, 76, 78, 80,
82, 92, 114, 141-142, 143, 169

P

P（ペタ）...29

PDF...83

pixel →ピクセル

PNG 149-150

ppi 51

R

RAM...40-41, 42

Re 108

Reply-To 109, 117

RGB 134

ROM 40

RSS リーダー.. 138

S

SD カード.. 51

SFTP.. 143

Shift JIS 72, 74, 116

SNS............................... **18**, 62, 102, 153-154,
155, 158, 167, 174

SSD...**37**, 42, 59

SSID 90

SSL 172

sTLD 105

Subject 107

T

T（テラ）... 29

TB（テラバイト）..................................... 29

TCP/IP 92

TIFF 150

TLD.. 105

TLS... 172

To **106**, 108, 111, 117, 168

TSS 55

Twitter **154**, 158, 167, 174

U

Unicode（ユニコード）.... **74**, 75, 79, 116-117

UNIX（ユニックス）................................. 58

URI... 94, 141

URL...................... **93**-94, 104, 121, 123, 126,
134, 143, 144, 171

URN.. 94

USB **46**, 47, 49, 50, 90

USB メモリー....................................... 40, 168

USB ポート 47, 50

USB カードリーダー 50

USB ハブ 47

UTF... 74

V / W

VPN.. 95

WAN **87**, 88, 91, 95

Wi-Fi（ワイファイ）....................... **90**, 96-97

Windows................**57**, 61, 68, 70, 71, 74, 75,
76, 77, 79, 82, 114, 116,
123, 141, 169

World Wide Web 91, 120

Y / Z

Yahoo!... 128

YouTube.. 158

ZIP 114

かな

あ

アーカイバー... 114

アイコン 45, 60, 81, 172, 174

アカウント 106, 164-165

アスキーコード→ ASCII

圧縮 62, **114**, 149

アップロード.......................... 130, **142**, 177

アナログ 26-27, 30-31

アプリケーション 54, 57, 60, **62**, 63, 64,
66, 68, 76, 79, 80, 81,
83, 92, 99, 131, 149, 169

アンカータグ 134

暗号化 90, 95, 96, 143, **172**-174

い

イーサネット **87**, 88, 92

異体字...79

イメージスキャナー 47

イメージセンサー 27

イメージタグ 133, 134

インクジェットプリンター 48-49

インストール 41, 60, **63**, 64-65,
68, 82, 96, 104, 169

インターネット 58, 87, 88, **91**, 92-93,
95, 96, 97-98, 104-105,
120, 123, 126, 141, 143,
151-152, 164, 176

イントラネット 95

引用 110, 139, 177

う

ウイルス→コンピューターウイルス

ウイルスメール 166, **168**, 169

ウインドウ **60**-61, 75, 76, 110, 123,
133, 171, 172

ウェブ......................83, **91**, 95, 96, **120**, 124,
125, 126, 141, 147,
148-149, 152, 153, 176

ウェブサーバー 93-94, 98, **120**, 123,
124, 141, 142-143

ウェブサイト 104, **120**, 128, 141, 142,
144, 148, 151, 152-153, 155,
158, 165, 168, 171, 176-177

ウェブブラウザー→ブラウザー

ウェブページ......................50, 112, **120**, 122,
131, 137, **140**, 141, 146, 149,
151, 155, 171, 172-173

ウェブメール...............................98, **104**, 115

え

液晶ディスプレー→ LCD

エンコード 24

お

オープンソース 66

欧文フォント 77-78

お気に入り→ブックマーク

オクテット 28

オブジェクトコード 66

折り返し 76, 110

か

カーソル **75**, 76, 77

改行 **76**, 110, 133

外字 79

解像度...44, 48, **51**, 146

拡張子..79-80, 149

画素 27, 44, **50**-51, 146, 148-149

カット..77

かな漢字変換 70

かな入力 **69**, 70, 71

感性情報 **23**-24, 25-26, 30

き

キーボード **46**, 47, 59, 69, 70, 71, 75, 76

キーワード 126-127, **128**, 129-130,
131, 132, 175

機種依存文字...............................**75**, 79, 116

キャッシュ 124
切り取り 77

く

クッキー 124-125
クライアント 97
クライアントサーバーシステム 97
クラウドコンピューティング 98-99
グラフィカルユーザーインターフェイス
→ GUI
クリエイティブ・コモンズ 177
クリック **45**, 134, 171
グローバルアドレス 93, 95
クロックスピード 39-40

け

検索エンジン 127, 128
検索サイト **126**-127, 128, 130
検索ロボット 127

こ

公開鍵暗号 172-173
公衆無線 LAN 96, 171
更新 122, 127, 148, **155**
コード.........................**24**-25, 72, 73-74, 75,
79, 116-117, 141
個人認証 56, 159
コネクター **38**, 46, 47
コピー.................43, 56, 63, 75, **77**, 108, 118,
124, 127, 152, 163, 171, 176-177
コンピューターウイルス.................104, **167**,
168, 169
コンピューターリテラシー 15

さ

サーバー **97**, 98-99, 106, 120, 124
サイトマップ...146

し

シェアウェア 64, 143
周辺機器 38, **46**, 47, 49, 50, 59-60
十六進法 28-30, 72, 134
出力装置 38, 44
書体 68, 71, **77**-79, 80, 81, 112, 137, 139
署名 110-111

す

スイッチングハブ 88
スキャナー 47, **48**, 176
スパイウェア 169, 170
スパムメール→迷惑メール
スピーカー 47, 49-50
スマートフォン **14**, 43, 44, 45, 47, 57,
62, 66, 90, 91, 96, 124,
126, 147, 163
スリープ 56

せ

生体認証 162-163
セキュリティー 56, 95, 96, 115, 143,
161, 162, 169, 171
全角 71, 72-**73**, 107, 129

そ

ソースコード 66, 81
ソースファイル 132, 142
ソフトウェア 19, 36, **54**-55, 63,
64, 65, 68, 86

た

タグ **131**, 132, 133, 134, 139

タッチパッド 45

タッチパネル 45-46

ダブルクリック 45, 168

タブレットコンピューター 91

ち

チェーンメール 166

知識情報..........................**23**, 24, 25

チュートリアル 17, 63

中央処理装置→CPU

著作権..176-178

て

ディスプレー 38, **44**, 45, 134

ディレクトリー **58**, 81, 143

テキストエディター **68**, 75, 76, 78-79,
81, 131, 132

テキストエディット 68-69, 79-80

テキストファイル **68**, 74, 81

デコード→復号

デジタル 27, **30-32**, 50

デジタルカメラ 25, 27, **50-51**,
146, 148-149

デスクトップ 60

デスクトップ型 38

デバイスドライバー..........................59-60

電子掲示板（BBS）...........................158, 174

電子政府 163

電子メール 18, 62, 91, 95, 98, **102**,
103, 104, 106, 107, 108, 109, 110,
111, 112, 113, 115, 116, 117-118, 158,
164-165, 166, 168, 169-170, 171, 174

転送（データ等）.................47, 50-51, 87, 90,
115, 121, 141, 143

転送（メール）...........................109, 167, 169

添付 **113**, 114, 115, 168

と

ドキュメントスキャナー...........................48

トップページ..........................134, 144

トップレベルドメイン（TLD）................104

ドメイン 93, 104-106

トライアル版 64

ドラッグ 45

ドロップ 45

な

ナビゲーションボタン 145

なりすまし 164

に・の

二進法...27-29

入力装置 38, 46

認証 109, 143, 159, 160, **162**-163, 165

ノート型...38, 42, 45

は

バージョン 58, **63**, 74, 123, 135, 172

バージョンアップ 63-64

ハードウェア....................... 19, 36, **38**, 39-46,
54, 56, 57, 58, 65, 92

ハードディスク 25, 29, 38, **41**-42, 43, 46,
47, 63, 80, 169

バイト（B）.................**28**-29, 72-73, 74, 116

バイナリーデータ 113

バイナリーファイル...........................81, 114

ハイパーテキスト 121-122, 131

パスワード 55, 90, 109, 143, **159**, 160,
　　　　　　　161, 162-163, 164-165, 173

ハブ 47, 88

貼り付け 77

半角 71, 72-**73**, 107, 114,
　　　　　　　129-130, 132, 141

半角カナ 73, 116-117

ひ

光ディスク 38, 43-44

光ディスクドライブ 38, **43**-44, 46, 50

ピクセル（画素）..50

ピクセル（単位）.............. 133, **146**, 148-149

ビット（b）..28-29

ビューアー 62

標本化..27

ふ

ファイル 58-59, 79, **80**, 81, 113, 114,
　　　　　　　115, 141, 143, 151, 168, 169

ファイル形式.................62, **79**, 83, 149, 151

ファイルサーバー 97

ファイルシステム 59

フィッシング 171

フォルダー 58, 81-82

フォント 77-78, 107

復号 25

ブックマーク 125-126, 133

プライベートアドレス 95

ブラウザー 62, 63, 66, 120, **122**, 123, 124,
　　　　　　　125, 126, 128, 131, 132-133, 134,
　　　　　　　135-136, 138, 143, 145, 160, 172

ブラウン管 44

フラッシュメモリー **40**-41, 42, 52

フリーウェア **58**, 64, 143

フリーズ 80

プリンター 38, 47, **48**-49, 59, 82-83,
　　　　　　　87, 97, 148-149

プリントサーバー 97

ブルートゥース→ Bluetooth

ブルーレイディスク（BD）....................43-44

フレーミング 174

プレーンテキスト 68-69, 81

フロー図..144

ブログ（blog）................. 128, 131, 138, **153**,
　　　　　　　154, 155, 158, 174

フロッピー 50

プロトコル 92, 94, 95, 102

プロバイダー（ISP）..........**91**, 104, 115, 118,
　　　　　　　143, 165, 166, 170

プロパティー...139

へ

ペースト 77

ヘルツ（Hz）..39

ヘルプ..**17**, 69, 74

ほ

ポインター 45, **60**, 76

ポインティングデバイス........................45, 60

ポータルサイト 126, **128**, 153

ポート 38, 88

ホームページ 126

ホスト名..93, 106

ま・む

マウス..........................19, 38, **45**, 46, 47, 59,
　　　　　　　60-61, 75, 76, 77

マザーボード..39

無線 LAN **89**-90, 95, 96-97

め

迷惑メール 102, 108, 111, **165-166**

メーリングリスト **117**-118, 128, 174

メール→電子メール

メールアドレス 69, **104**, 106, 108, 109, 112, 117, 118, 165

メールサーバー 98, **102**, 103, 106, 109, 115, 117-118, 160, 165, 166, 170

メールマガジン 118

メディア（記憶装置）................................ 168

メディア（情報媒体）............24, **86**, 146, 152

メディア（通信回路）....... **120**, 121, 123, 153

メモ帳.......................................68-69, 79

メモリー 29, 38, 39, **40**, 41-42, 56

メモリーカード 40, 50-51

も

文字表..73-74

モバイルデータ通信....................................96

モニター 19, 38, **44**, 51, 59, 146-147

ゆ

ユーザーインターフェイス **15**, 46, 58

ユーザビリティー 147

ユーティリティーソフト.............**59**, 114, 169

ユニコード→Unicode

ら

ラップ→折り返し

ラン→LAN

ランダムアクセスメモリー→RAM

り

リードオンリーメモリー→ROM

リサイズ 149

離散的...26-27, 30

リソース 94

リッチテキスト 68-69, 80

量子化..27

履歴 110, **123**-124, 125

リンク **122**, 123, 126, 129, 134, 145, 171

る・れ・ろ

ルーター 88, 91, **95**

レーザープリンター 48

ローマ字入力...69, 70

わ

ワーム..167-168

ワイファイ→Wi-Fi

和文フォント 77-78

索引　189

佐藤淳一（さとう・じゅんいち）

武蔵野美術大学造形学部デザイン情報学科教授。
1963年生まれ。東北大学工学部、武蔵野美術大学短期大学部
卒業。1987年より日本楽器製造（現ヤマハ）において音響機器
の設計に従事。独立後、電子機器、デジタルフォントなどの
デザイン業務、コンピューターネットワーク構築業務を経て、
ネットワークメディア表現の実践的な研究を行うに至る。同時
に写真作家として活動。1995年より個展、グループ展、Webコ
ラボレーションを開催。著書『マルチメディア』（武蔵野美術大
学出版局、2002年）、『電脳の教室』（同、2005年、新版2011年）、
『恋する水門　FLOODGATES』（ビー・エヌ・エヌ新社、2007
年）、『ドボク・サミット』（共著　武蔵野美術大学出版局、2009
年）、『カワウソ』（東京書籍、2010年）。

コンピューターと生きる

2018年4月1日　初版第1刷発行

著者　　佐藤淳一

発行者　小石新八

発行所　株式会社武蔵野美術大学出版局
　　　　〒180-8566
　　　　東京都武蔵野市吉祥寺東町3-3-7
　　　　電話　0422-23-0810（営業）
　　　　　　　0422-22-8580（編集）

印刷・製本　図書印刷株式会社

定価は表紙に表記してあります
乱丁・落丁本はお取り替えいたします
無断で本書の一部または全部を複写複製することは
著作権法上の例外を除き禁じられています

© SATO Junichi, 2018
ISBN978-4-86463-067-2 C3004 Printed in Japan